ゾーンを使った情動・行動調節

自分の行動と心をコントロールする力を育むカリキュラム

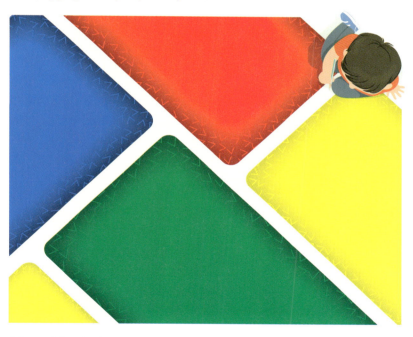

リア・M・カイパース 著
Written and Created by
Leah M. Kuypers, MA Ed. OTR/L

森 由美子 訳
Yumiko Mori

The Zones of Regulation ™ : A Curriculumb Designed to Foster Self-regulation and Emotional Control
Leah M. Kuypers, MA Ed. OTR/L
Foreword and selected lessons by Michelle Garcia Winner
Originally published in English in 2011 by Think Social Publishing Inc. Santa Clara, CA USA
www.socialthinking.com
Leah M. Kuypers and Michelle Garcia Winner assert the moral right to
be identified as the authors of this Work.

Japanese translation published by arrangement with Think Social Publishing, Inc.
through The English Agency (Japan) Ltd.

謝辞

　まず何よりも、私の家族にお礼を言いたい。長年にわたって私を導き、応援してくれた父と母に、ありがとう。父と母は教育の大切さと、さらに遠くを目指し、努力することの大切さを教えてくれた。夫のデーヴィッドは私の親友のような存在で、私と人生をともにしてくれていることを本当にありがたいと思う。本書出版に際してはさらなる協力をしてくれ、そのすべてに感謝している。息子のダニエル、あなたの微笑みと笑い顔は毎日、私の気持ちを明るくしてくれた。

　私の考えをみんなに共有すべきだと確信したドナ・ブリッテン氏やスーザン・フリースト氏の強い勧めがなかったら、私はこのプロジェクトに着手していなかっただろう。また、ミネソタ州ダコタ郡の第917番中学校区に勤務するすばらしいスタッフの皆さん、シェリー・ピーターソン氏、キャシー・マティス氏、エステル・ガルシア氏、キャリー・キニグスバーガー氏、エイミー・グリフ氏、ジョー・フォークナー氏、ベルデッタ・ラング氏、クリスタル・ディグロウ氏、アンドレア・ウェルヴァート氏、サラ・オルザウス氏、サラ・チューヴィ氏にも感謝申し上げる。この方たちは、ゾーンのカリキュラムを実際に現場で取り入れ、その感想や意見を私に共有してくださった。

　ミネソタ州ローズマウント、アップル・ヴァレー、イーガンといった第196番校区の皆さんにもお礼を申し上げたい。その中でも特に、マーサ・フォスター氏、ジル・クズマ氏、ジャッキー・ヤング氏、そして自閉症情報センターの専門家のみなさんは、ZONESのカリキュラムを取り入れ、意見をくださった。心から感謝している。

　カーリ・ダン氏、ビュロン・アーケンス＆カサンドラ・アーケンス両氏には、カリキュラムを書いたり作成したりする上で、ご助言、ご指導をいただいた。心より感謝の意を表する。ミッシェル・ガルシア・ウィナー氏のすばらしい閃き、そして私のプロジェクトに対するご協力、貴重なご助言に感謝申し上げる。編集作業に携わり、見識を与えてくださったアン・ペンドリー氏とサンディー・ホーウィッチ氏、グラフィック・デザインを担当しすばらしい才能を発揮してくださったエリザベス・ブラッカー氏にも多大なる感謝の気持ちを伝えたい。エリザベス・ソーター氏、ヒラリー・キサック氏、ローレン・デルーチ氏、エリカ・ブランド氏、リズ・ラング氏、アンソニー・サヴェラ氏、そしてカリフォルニア州オークランドのコミュニケーション・ワークスのみなさんは、私にチャンスを与えてくださり、カリフォルニアでZONESのカリキュラムを始める手助けをしてくださった。あなた方のご支援、ご意見、ご助言、そして熱意に対し心より感謝申し上げる。

　最後に、数年にわたり一緒に頑張ってくださった子どもたちとその保護者の方々にもお礼を申し上げたい。みなさんの生活に関わらせていただき、私のZONESカリキュラムの作成に際し、大きな刺激を受けた。みなさんが人生で達成感や幸福感を味わう一助になれば幸いである。

まえがき
「ゾーンを使った情動・行動調節について」

　教師、保護者、作業療法士、カウンセラー、言語療法士など、多くの人たちが、子どもそれぞれの感覚やソーシャルスキルの習得、実行機能、感情のコントロールについて学ぶことに関心をもっている。しかし、これらの異なる分野の事がらを、連携した方法で取り入れることができないかと模索している。学校生活でうまくやっていくためには、一人ひとりがその時々の状況に基づいて、自分の行動を適応させると同時に、社会の場や教育の場での人との関わりを積極的に意識していく必要がある。ふだん私たちは学校で多くの人たちに囲まれて過ごしている。そこには知っている人もいれば、知らない人もいる。しかし、そのような共有の場でうまくやっていくためには、私たちが自分の心をしっかり調節することが求められる。絶好調の日には心を調節することなどどうでもいいし、絶不調の日にはそんなことはほぼ不可能に思えるかもしれない。

　過去20年にわたり、自分の調節の仕方にちがいのある子どもたち（典型発達であっても、発達の仕方に多様性があっても）は、社会認知学を取り入れたわかりやすい行動療法によって恩恵を受けることが徐々にわかってきた。これらの教育法を通して、子どもは自分自身の考えや感情、そして、その状況に基づいて周りの人の考えや感情にもより意識を向けるための方法を学ぶことができる。子どもたちは授業でただ静かに聞いていようが、積極的に参加していようが関係なく、このような情報を身につけて他人との関わりの中で生じる問題を解決し始める。

　子どもたちが「コントロール」と呼ばれるスキルを養うための方法として次のような複数の感覚へのアプローチがある。

- **感覚の統合と調節**：感覚調節の力を養う方法だけでなく自分の感覚の仕組みを知るのにも役立つ。
- **感情に関する自分への理解と自己調節**：全員がそうだというわけでないが、自分の感情と人の感情に気づくことは、なかなか難しい。しかし、情動を調節する力を上達させる方法を学ぶためには、まず気持ちに対する気づきがカギとなる。それだけでなく、子どもの感覚の仕組み、感情、周りの人と関わる能力を密接につなげる力を養うための支援も役立つ。そうすることによって、周囲の人たちに子どもたちがその瞬間苦労していることを理解してもらい、一緒になって子どもの情動をコントロールする方法を探すことができる。
- **実行機能と認知調節の方法**：衝動のコントロール、注意力の維持、計画立案、問題解決、自己対話といった自分の認知活動を客観的に捉えるスキルは、人生で難しい状況に直面した時や目標に向かって努力する時、自分の機能を管理する基礎となる。
- **視覚的な支えと指導**：子どもは、ほとんどと言ってよいほど、わかりやすく示された視覚的な情報に助けられる。視覚的な情報は、子どもたちの学習スタイルに合うだけでなく、私たち指導する側にも役立ち、抽象的な内容の授業を行う際、視覚的なものを用いることで、より具体的な説明ができるという利点がある。視覚的なものにそれほど頼らない子どもたちですら、視覚的に整理された教材は、わかりやすく便利だと感じるはずである。ちなみに、聴覚的に学ぶタイプではない子どもには、音や言語を使った明瞭な指導が役立つ。

- **「Social Thinking®（社会的思考）」の方法論と、その他の社会的・感情的、認知的な行動療法の枠組みと用語**：これらの療育法では、明確な言語を主体とした概念や療育の枠組みを紹介している。社会で生活するにあたって周りの人のためにわかっておかなければならない多くの大切な、あいまいな意味合いや期待される事がらを理解する力を育む。複雑な社会や感情に基づいた考え方を話したり、その力をさらに上達できる人たちは、自分たち特有の社会への関わり方の能力も伸ばし始めるだろう。これらの療法は、どのようにして各自の社会性に基づく目標に合う支援が提供できるかを大切にしている。

　2009年、リア・カイパース氏が、大学院での自らの研究や教職経験に基づいて開発し、後に教育学専攻の学生たちと一緒に文書化した「ゾーンを使った情動・行動調節（ZONES）」の概念について話すのを私は初めて聞いた。そして「ゾーンを

使った情動・行動調節」という視覚的にもわかりやすい手段を取り入れた具体的な指導方法を用いて、このような重要な話題（自分の感情を理解すること）に取り組んだことに感銘を受けた。

　本に書き記すことは一つの方法であるが、世界中の教室や療育センター、自宅で実践するための情報をみんながどう解釈するかというのはまた別の話である。過去何年かの間に、この「ゾーンを使った情動・行動調節」の本が公の場に出回り、社会性と情動性の学習領域で、この本が重要な位置を占め、役立ってきたことを私はうれしく思う。著者であるリアの仕事仲間、そして友人として、彼女の仕事に対する確固たる取り組みや、教えてもらう側にとって、丁寧で効果的な方法であるこのカリキュラムをもって、人々を助けたいという彼女の思いを私は支持したい。正確さと成果に裏づけられるこの本の中で、リアは自分の考えを更新し続け、そこに書かれた情報を現場で取り入れやすいよう、教育委員会や学校関係者たちと寄り添いながら仕事に取り組んでいる。

　リアのウェブサイト（www.ZonesOfRegulation.com（英語版））で、彼女の考え、思い、この一見簡単に見えるものの実は奥深い考え方を人々が使いこなせるようになるためのたゆまぬ努力を確認していただきたい。その考え方とは、人生のいろいろな場面で誰もが苦労すること、つまり自分の心の状態を把握し、それを効果的に調節する能力を意味する。

ミッシェル・ガルシア・ウィナー
公認言語療法士
Social Thinking創始者・最高経営責任者
Michelle Garcia Winner, MA, CCC-SLP,
founder and CEO of Social Thinking

contents

謝辞 3
まえがき　ミッシェル・ガルシア・ウィナー 4
付録ダウンロードについて 10

Part 1　準備編　11

Chapter 1　位置について…　このカリキュラムについて　12

誰がZONESを教えるのか？ 13
ZONESは誰のために役立つか？ 13
自分の情動・行動を調節するとは？ 15
ZONESが生まれた背景 18
ZONESに影響をもたらした取り組み 20
ZONESとは何か？ 21
ZONES用語の説明 23

Chapter 2　よーい…　このカリキュラムの使い方　25

グループ分け 25
子どもに関わる人たちとの協力 26
ZONESのファイルの教材を整理する 28
グループ授業の進め方 28
ZONESを通常教育の学力基準と関連づける 29
学習成果の確認 31
授業の流れ 31
教材の収集 34
補助教材 35

Part 2　実践編

Chapter 3　スタート!!!　子どもにZONESを教え始める … 38

本章の目的 … 38
- レッスン1　ゾーンのポスターを作る … 40
- レッスン2　ゾーンでビンゴ … 47
- ちょっとひと休み　次のレッスンに進む前に … 51
- レッスン3　動画でゾーン … 58
- レッスン4　私の中のゾーン … 61
- レッスン5　ちがう見方を理解する
　　　　　　ある人の行いがどれだけ周りの人の気持ちや考えに影響を及ぼすか … 67
- レッスン6　私のゾーン … 78
- レッスン7　私はどんな気持ち？ … 83
- レッスン8　1日の私のゾーン … 87
- レッスン9　気をつけろ！そこにトリガーがある … 92
- ちょっとひと休み　習得状況を見る方法 … 97

Chapter 4　さあ、レースの動向はいかに!?
気持ちを静め、素早く対応するための方法 … 102

本章の目的 … 102
本章で用いるレッスン … 104
- レッスン10　感覚を楽にするツールを見つける … 107
- レッスン11　気持ちを静めるためのツール … 113
- レッスン12　ツールを探す──物の考え方 … 120
  - ・問題の大きさ … 121
  - ・心の中の指南者と心の中の批判者 … 126
  - ・Superflex®の超柔軟な考え方とRock Brain©の石頭的な考え方 … 129
- ちょっとひと休み　習得状況を見る方法 … 133

Chapter 5 ゴールはすぐそこ！
心を立て直すツールを使ったり、応用したりするタイミングを知る … 134

- 本章の目的 … 134
- **レッスン13** ツールボックス … 135
- **レッスン14** イエローゾーン用のツールを使う時 … 140
- **レッスン15** 立ち止まって、ツールを使う … 148
- **レッスン16** 使ったツールの記録 … 151
- **レッスン17** 止まれ、注意、そして進め … 156
- **レッスン18** 私のツールの使い方を褒めよう … 161
- ちょっとひと休み 習得状況を見る方法 … 164

Part 3 背景編 … 165

Chapter 6 そして、成功したのは誰？　ZONESに関する情報 … 166

- 自己コントロールはどのように発達するか … 166
- **神経疾患を抱える子どもへの指導方法** … 169
  - 自己管理 … 169
  - 認知行動療法 … 169
  - Social Thinking®（社会的思考）とILAUGH（アイラフ） … 170
  - 全体的統合理論 … 171
  - SCERTS® モデル … 172
  - システム化理論 … 172
  - 行動思考理論 … 173
  - 強化因子と点数制度 … 173

- ● よくある質問 … 175
- ● 自分の情動をコントロールする力をつけるためのIEP（個人別教育プログラム）の目標 … 179
- ● おすすめの情報 … 181
- ● 参考文献 … 183

訳者あとがき … 187

付録ダウンロードについて

- ワークシートなどを使用する際は、adobe社のAcrobat Readerをダウンロードしてご利用ください。
- データの容量は約24Mbあります、wi-fiまたはLAN接続のPCでダウンロードしてください。
- zipファイルはページ下に記載しているパスワードを入力すると解凍できます。

ダウンロードの手順

❶ 付録の利用登録を行ってください

申込みフォームに必要事項を記入の上、送信してください（申込みフォームのアドレスはクリエイツかもがわHPの本書の詳細ページにも記載）。

※登録時のメールアドレスはパソコンで確認できるものにしてください。

https://pro.form-mailer.jp/lp/
58091f14319026

❷ ダウンロードの案内が自動返信されます

登録いただいたメールアドレスに自動返信メールでダウンロードURLが送信されます。
URLをクリックすると自動でzipファイル（パスワード付き）がダウンロードされます。

〈送信アドレス〉
admin@form-mailer.jp
※迷惑メールフィルターの設定をされている方は解除を先に行ってください。

❸ パスワードを入力の上、解凍してご利用ください。

zipファイル（パスワード付き）をダブルクリックし、右のパスワードを入力すると解凍されます。
※パスワードの漏洩には十分にご注意ください。

ZIPファイル解凍パスワード
yi48py978w

〈この書籍・付録ダウンロードに関するお問い合わせ〉
株式会社クリエイツかもがわ
info@creates-k.co.jp

Part 1
準備編

Chapter 1

位置について…
このカリキュラムについて

　パニック状態に陥らないよう、自分の衝動を抑えようと必死にもがいている子どもをよく見かける。子どもの欠点や問題行動は、せっかくの長所や能力に影を落としてしまう。周りの人は、その子どもの問題行動をただ指摘するだけで、修正することに力を貸そうとはしない。

　心理学者であり、衝動的な行動を示す子どもの治療にあたっているロス・グリーンは「Collaborative Problem Solving（共同問題解決）」というプログラムの創始者であるが、「子どもはできるようになれば、きちんとやれるものだ」と言っている（The Explosive Child, 2005, p.16）。教育者や子どもの世話をする人たちすべてにとって、教えとなる言葉である。「悪い子」と思われたい子どもは一人もいない。しかし、よい行動を取るための正しい方法を教えられていなかったり、そのために何度も繰り返し練習をする機会を与えられていなかったりしたら、自分の行動をちがう形で示すための方法がわからない。子どもが学校や自宅、地域社会でうまくやっていくためには、自分の感情に気づき、自分の対応を管理できる力を身につけておくことがとても必要となる。『ゾーンを使った情動・行動調節』（以下、ZONES）はこのような子どもたちが目標に到達するのを応援するために開発されたカリキュラムである。

　『ゾーンを使った情動・行動調節』は、子どもが自分の気持ちを意識的に調節する力を身につけ、自分をコントロールする力や問題解決能力を伸ばすことを目的に作られている。

　このカリキュラムは、認知行動療法の考え方を取り入れ、「ゾーン」と呼ばれる心の状態を表す4つの色で示された区域のどこに自分があてはまるかを子どもが認識できるようになることを目指す。また、授業では、1つのゾーンに留まるため、あるいは、1つのゾーンから他のゾーンに移動するためのツールや方法を学ぶ。自分の気持ちを静めるテクニックや、認知学に基づいた方法、感覚的補助についても学び、ゾーン間を移動するのに用いるツールをいつでも取り出せるよう自分のツー

ルボックスに貯めておくことを学習する。

　子どもが自己調節する方法をより深く理解できるよう、授業では「周りの人の表情の読み方」「自分や周りの人の広い範囲にわたる感情を認識する方法」「周りの人の物の見方」「自分自身をコントロールしにくくなる状況を招くのはどのような時か」「問題を解決するために、いつ、どのようにしてツールボックスの中のツールを使うべきか」を教える。

　このカリキュラムの内容は、18のレッスンから構成される。子どもが学んだことを確実に身につけられるよう、各レッスンで取り上げた内容に沿って理解度を試す質問が含まれており、それにしたがって、話し合いをしたり、指導できるようになっている。

　レッスンの多くは、それぞれの子どものニーズに合わせて、追加のアクティビティーやその内容を調節する方法を紹介している。また、このカリキュラムには、掲示や共有のできるワークシート、視覚的補助資料も含まれる。必要に応じて、本書P.10の手順に沿ってそれらをダウンロードし、印刷していただきたい。

☑ 誰がZONESを教えるのか？

　ZONESは、自分の情動・行動をコントロールする力を身につけようとする子どもと関わっている人なら誰でも使えるように作られている。特別支援教育や通常教育の教師、作業療法士、言語療法士、心理学者、カウンセラー、行動療法士、ソーシャルワーカー、保護者など、誰でもよい。本書の中では主に「指導者」という言葉を使っているが、これは担任の教師だけを意味するわけではない。

☑ ZONESは誰のために役立つか？

　ZONESは、自分の情動・行動を調節することが苦手な子どものために作られているが、詳細は次の項目の中で説明する。

　神経系の疾患によって、または社会的学習が困難であるために自分をコントロールできない場合もあるが、自分をコントロールできないという人すべてが何からの診断をもっているわけではない。元々、このカリキュラムは、自閉スペクトラ

ム症、注意欠如・多動症、トゥレット症候群、反抗挑戦性障害、行為障害、場面緘黙症、不安障害といった脳や神経系に多様性をもつ子どもたちのために作られた。しかし、このカリキュラムがもっと広い範囲の人たちのためにもなることが明らかになった。

　ZONESは、子どもだけでなく、一般的に誰にでも役立つ。1人の子どもがZONESの手法を使い始めると、その保護者や指導者たちは、それが他の子ども、さらには自分自身にも役立つことに気づく。ゾーンの考え方を人に教えることにより、自分の心の状態に目を向けるようになり、自分を調節するツールについても意識を高める結果になったという報告を受ける。誰もが自分の気持ちを調節するのが大変だと感じる時がある。そのような理由で、通常教育に携わる多くの教師も、自分のクラスでこのカリキュラムを工夫して使っている。

　ZONESのレッスンは、知能レベルが平均、またはそれ以上であれば、就学前の年齢（4歳程度）から、そして小学校から大人まで幅広く使えるように作られている。授業内容は、年齢の低い子ども（就学前〜9歳ごろ）だけでなく、年齢の高い子ども（10歳ごろから中学校、高等学校）、そして大人まで対応している。中学校以上の子どもや大人にとって「幼稚だ」と感じる内容もあるかもしれないが、授業で取り入れる話し合いの場から学ぶことは多い。子どもの年齢や学年、認知レベル、習熟度、教えるレベルによって理解度には差があるため、それぞれの子どもやグループに合わせた授業を行うことが求められる。例を挙げると、就学前の子どもがストレスを感じる状況に面したとしても、ツールを使って自発的に気持ちをコントロールさせるなどという目標は設定しないであろう。それよりも、年齢の低い子どもたちに対しては、その年齢や学年に応じて教える内容を調節し、話し合いの時には易しい言葉を使うなどといった工夫が必要だ。

　授業内容の多くは、平均、またはそれ以上の知能レベルをもつ子ども向けになっているが、認知能力が十分でない子どもや言語能力が不足している子どもに合わせて内容を調節することが可能である。認知能力が不足している子どもはゾーンについてそれほど理解を示さないかもしれないが、一貫して教え続けることによって、ゾーンについての意識が芽生え、自分の情動・行動をコントロールするために、自主的に視覚的な補助を使うようになる子どもも多い。認知能力に問題のある子どもを指導する際には、教える内容をさらに調節する必要があるだろう。

本章の残りの部分では、まず自分の情動・行動を調節するために必要な事がらを学び、次にカリキュラムの組み方やZONESそのものの説明、関連用語について学習する。Chapter 2では、実際にあなたの子どもたちに何から教えたらよいのかを学ぶ。実際のカリキュラムは、Chapter 3〜5でご覧いただける。Chapter 6では、ZONESの基礎となる概念について、背景的な情報も含めてさらにお話しする。巻末資料では、よくある質問、IEP（個人別教育プログラム）に使える学習目標の例、おすすめの情報、参考文献を紹介している。

☑ 自分の情動・行動を調節するとは？

　自分の情動・行動を調節するという場合、「自分をコントロールする」「自分を管理する」「怒りの感情をコントロールする」「衝動を抑える」など、いろいろな言い換えができる。いずれにしても、自分の心や行動に対して注意を促し、社会的に受け入れられる方法で自分の気持ちを行動に表す方法を学ぶ能力のことを意味する（Bronson, 2001）。つまり、自己調節とは、与えられた状況の下、最善の心の状態でいられるようにするために必要なことを実行する能力を意味する。これは、周囲の求める状況に適合し、自分の目標を達成し、社会的に適切とされる行動を取るために、自分の感覚的なニーズや感情、エネルギー、衝動をコントロールすることを含む。自分の情動・行動を調節することが苦手な人は、また同じような状況でストレスを感じた場合、それにどう対処したらよいかわからず、適応能力に欠けるような行動を取ってしまうかもしれない。自分の情動・行動をうまく調節するために、統合される必要のある3つの神経学的な要素がある。それは、感覚処理、実行機能、感情調節である。

➡ 感覚処理

　最初の神経学的要素は感覚処理である。これは、意味の伴った行動をとるために、感覚受容体（刺激に反応する末梢神経）によって知覚された情報をどう認識し、どのように整理したり統合したりするかを意味する。たとえば、火災報知器が鳴ったら、私たちはまず耳でそれを知覚する。そして、その情報は脳に送られ、何が起きたかを理解する。この場合の情報とは、火災報知器が鳴ったという事実である。それから、この刺激（情報）に対して行動を起こすべきなのか、気にしなくてよいのかを決める。多くの場合、火災報知器が鳴ったら何らかの行動を起こさなければならないが、誰かの車のアラームが鳴ったような場合は、よくあることだと思って行

動を起こさない。行動を起こす必要があると頭の中で決まったら、落ち着いて建物から離れるといったように、目的に向かって自分の身体を反応させる。

　自分の置かれた状況下で感じた刺激によって圧倒されずにすむよう、受容した感覚を濾過することも感覚処理に含まれる（感覚調節と表現されることが多い）。例として、授業に関連した刺激を教室で受けた時、子どもはそれを処理しなければならないといったことが挙げられる（つまり、先生が指示を与えたり、子どもに教えたりすること）。しかし、その背景にうまく濾過できない知覚的な情報があって圧倒されてしまうことがある（着ているシャツのタグによるかゆみ、廊下からの雑音、教室に過度に飾られている図工の作品や掲示物、給食室からの匂いなど）。知覚的な情報をいたって簡単に受け流すことができる人がいる一方で、それをものすごく負担に感じ、自分の動きを調節する能力に無理がかかって、心の動揺が表れてしまったり、イライラしたり、落ち着きがなくなったり、ふさぎ込んでしまったりする人もいる。

　1970年代に作業療法士であったエイ・ジーン・アイレスが、感覚からの情報を受容、処理できない、またそれに対応できない人たちのことを「感覚受容障害」「感覚統合不全」という名称で表わした。感覚とは、視覚、聴覚、触覚、嗅覚、味覚、前庭器官で司られている身体の動作感覚や位置感覚、空間内の身体の状況を知覚する自己受容感覚のことを言う。

　自分の感覚をうまく調節できない人は、外部からの刺激を排除できなかったり、多くの人が普段不快だと思わない、または、気づきもしないような小さな刺激に過剰に反応したりする（過敏反応という言葉で知られている）。

　学校には、自分で処理しなければならない刺激（先生が話をする、板書するなど）が存在するが、その背景で感じること（着ているシャツのタグによるかゆみ、廊下からの雑音、教室に過度に飾られている図工の作品や掲示物、給食室からの匂いなど）を受け流すことができないために、あっぷあっぷした状態になる子どももいる。その結果、その子どもは注意散漫になったり、いらいらしたり、不安になったりする。

　一方で、強烈な刺激がないと落ち着かない人たちもいる。これは低応答（鈍麻）という言葉で知られており、もし感覚的な刺激が目的に沿った、意味のある方法で得られなかった場合、他人に対して非常に乱暴な行動をとったりすることもある。さらなる動きや強いプレッシャーを自分の身体で感じないと、物事に集中できなかったり、学習する心の準備が整わなかったりする、子どももいる。そのような動作や強いプレッシャーは、側から見ると、不適切な行動（朝の会の最中に床の上をコロコロ転がる、自分の椅子から頻繁に離れる、他の人にぶつかっていく、椅子の

上でだらりと頭を垂れて座るなど）に映るのだが、彼らは刺激を感じるためのツールを見つけようとしているのだ。

　このような子どもには、学校の事務室まで急いでメモを届ける、休み時間にボールの入ったカートを押して遊び場まで運ばせる、黒板を消す、プリントを配らせるなど、意味のある行動の機会を与えてみよう。

　それによって、子どもは追加の動作や激しい活動、強いプレッシャーを身体で感じ、自分の神経の状態を整えたり、物事に集中できたりする。自分自身をコントロールできるかどうかは、知覚を通して入ってくる情報を自分の脳がどれだけきちんと処理できるかに大きく関わっている。誰かが自分に話しかけていることがわかったら、適切な話し方や他のコミュニケーションの方法でその人に返答する、というのはその一つの例である。また、自分に向かってボールが飛んできたとき、腕を伸ばしてそれを捕まえようとするのもその例である。

　しかし、自分が過度に苦しまないよう、また気が散らないようにするために、知覚した情報を無視する場合もある。ZONESは、子どもが自分をコントロールするために必要なものを見つける助けとなり、知覚したことを上手に処理する上で役に立つ。

⇒ 実行機能

　自己調節をするための次に大切な神経学的な要素は、実行機能である。一般的には、自分の考えや行動を意識的にコントロールする際の認知過程を意味する。

　実行機能は、行動や精神を司る脳内の指令、コントロールセンターに例えることができる。自己調節ができるかどうかは、これらの機能が効果的に働いているかどうかによる。多くの脳内の働きは実行機能の下で行われており、次にあげる動作は自己調節能力に影響を及ぼすと言われる。

- ・同時に二つ以上のことをやっている時（授業を聞きながらノートを取る）
- ・作業や動作に必要な情報を一時的に記憶、処理する時（脳の中にある「情報ファイル」を新しい情報に置き換える）
- ・心の内の声（自己対話）
- ・柔軟に考える時（複数の選択肢を考慮する）
- ・計画を立てる時（行動を管理し、立てた目標を達成するために実行する）
- ・抑制をする時（衝動を抑える）　など

子どものこれらの認知的な機能が十分に働いている時は、自分の目の前にあるハードルを超えるために必要な問題解決能力をより発揮することができる。ZONESなど、さまざまな教育方法を通して、子どもは自分の行動を意識的に調節する能力を身につけ、自分をコントロールしたり問題を解決したりする力を養う。

➡ 感情調節

　自己調節のための３番目に大切な要素は、感情調節である。感情調節とは、自分の目標を達成するために自分の感情表現をコントロールする過程を意味する。これには、自分を冷静に見る、判断する、感情表現の強さやタイミングを修正することなどが含まれる。

　アリストテレスは「誰でも怒ることはできる。それはたやすいことだ。しかし、適切な相手に、適切な度合いで、適切な時に、適切な目的をもって適切に怒ることは、たやすいことではない」と、最高の表現をした。

　注意欠如・多動症の権威として世界的な有名な人物、ラッセル・バークレーは、物事に対して自動的に誘発されるのが感情だと説明している。そうはいうものの、客観性（問題の大きさを見極める）、動機づけ、他人の考え方を理解するといった認知的要素が感情をコントロールすることは可能である。

　このようなスキルの度合いに差のある子どもは、自分の感情をコントロールしようと思っても、なかなか難しい。ZONESのカリキュラムは、このような子どもが自分自身をうまく調節できるようになることを目標としている。

　上記で説明した３つの神経学的な要素（感覚処理、実行機能、感情調節）は、お互いに作用し合う。もし、この中の一つでも十分に機能しなかったら、自分をコントロールする能力は減少する。この３つをすべて視野に入れることが重要である。自己調節について、簡単に説明したが、さらに学びたい方は、www.ZonesOfRegulation.com（英語版）で紹介している文献を参考にしていただきたい。

☑ ZONESが生まれた背景

　私は作業療法士で、自閉スペクトラム症の専門相談員として、公立学校に数年勤務した。その時、身体障害、精神障害、認知障害を含む、あらゆるタイプの障害のある子どもと出会った。障害の種類にかかわらず、子どもが自分をコントロールす

ることや問題行動（ふざけすぎる、注意散漫である、ふさぎこむ、感情が爆発する、攻撃的な行動をとる）の示し方に個人差があると気づいた。私は作業療法士として、子どもには感覚調節ができるようになってほしいと思い、それに取り組んだ。

しかし、彼らには感情をコントロールしたり、衝動を抑えたりすることが困難で、そのことが足かせになっていることがわかった。私たちが見聞きする子どもの行動を変えると同時に、子どもが自分をコントロールできるようになるといった、より大きな見通しが明らかに必要と思われた。

子どもが通常のクラスに参加できない理由は、勉強ができるとかできないではなく、問題行動によるものが多い。それまでの経験を通して、行動を抑制するのに用いられる方法、得点表やレベル分け、タイムアウトなどは、根本的なスキルを確立するという、真の意味での問題解決にはなっていないと感じた。ご褒美や罰を与えて行動を修正しようとしてもうまくいかなかった。

リッコミニ、ザン、カツィヤニス（2005）の3者が攻撃的な行動を減らすために効果が期待できそうな学校での取り組みについて発表した報告書には、除籍、退学などの方法は、よくない行動を減らすのに逆効果で、それは留年、退学、勉強についていけない状況、非行などにつながると説明している。しかし、残念ながら、このような指導テクニックが頻繁に学校で取り入れられているのが事実である。

子どもの問題行動に対処する時、そのきっかけとなる明確な原因が見つからないといった誤解をしがちである。かといって、子どもはご褒美をもらってもやる気が出ないからと言って、それを行動で示すわけでもない。それほど興味のないことでも、何らかのやる気をかき立てるようなご褒美に向かって子どもが頑張ることはよいが、どのようにしてよりふさわしい選択をすればよいのかをただ知らないがために、子どもがつい好ましくない行動をとってしまうということを私は自分の経験から学んだ。子どもは、どのようにして自分の行動をちがった形で示せるかを、安心で協力的な環境の中で学ぶことが必要である。

もっと視野を広げて子どもを観察していくと、ある程度のコントロール能力はあるものの、衝動を抑える力や自分の感情に気づく力を養う必要があることに気づく。クラス全体を混乱させることなく、自分の気持ちを自ら静められるようにするための方法が身近にあることが望ましい。また、他人を思いやる能力を養い、与えられた状況の中で社会的にどう振る舞えばふさわしいかを理解できるようになることが大切だ。私は、大学院の学位取得に向けて自閉スペクトラム症について研究をしている時、体系的で実用的な自己調節の方法を思いついた。それを「ゾーンを使った情動・行動調節」、略して「ZONES」と名づけた。

いくつかの学校で作業療法の研究会やソーシャルグループと呼ばれる交流会を開催していた時、このZONESの概念を子どもに教え始めた。その概念が私の子どもたちの役に立つ様子を見て（そして同僚からの確信を十分に得て）、私はその概念を整理してカリキュラムという形で作り上げ、それを他の人たちと共有し、多くの子どもたちに届けることを決心した。カリキュラムは、私の教育学修士号取得のための卒論としてまず書き上げた。ケリー・ダン・ビューロン氏（The Incredible 5-Point Scaleの共著者）、キャシー・アーケンス氏、ドナ・ブリテイン氏が私の卒論の審査委員を務め、ZONESの概念をカリキュラムに入れるにあたって、代わるがわる指導をし、見識を与えてくださった。修士論文が完成すると、ケリーが少し手直しをして出版してみてはどうかと提案してきた。ちょうどその頃、ミッシェル・ガルシア・ウィナー氏の2009年Social Thinking Providers（社会的思考の指導者・団体）の学会で、ZONESについて発表することが決まった。学会発表後、ミッシェルがカリキュラムを出版することを勧めてくれ、カリキュラムをより強化するための助言をいろいろとくれた。ZONESが今のような形になるまでに、このような尊敬すべき研究者の方々が、私に助言や支援をくださったことを大変光栄に思っている。ZONESの背景にある話をもう少し知りたい方は、www.ZonesOfRegulation.com（英語版）をのぞいていただきたい。

☑ ZONESに影響をもたらした取り組み

　現在、ZONESは自分の心や行動を調節する指導方法として評判の高いカリキュラムで、幅広く利用されている。ZONESの概念は、メアリー・スー・ウィリアムス氏とシェリー・シェレンバーガー氏の「How Does Your Engine Run?®（どのようにしてあなたのエンジンがかかりますか？）」という表現で知られているThe Alert Program®（アラートプログラム）の影響を受けている（www.AlertProgram.com（英語版））。

　高い評価をもつこのカリキュラムは、感覚統合の根底にある理論をもとに作られており、作業療法士が自己調節について教える際によく利用する。自分自身の注意力・集中力の度合いを見極め、その状態を変えたり、保ったりする方法を指導する上で、子どもや指導者、保護者、セラピストたちの役に立っている。

　簡単で具体的な用語を使う認知行動を手本としているこのプログラムは、子どもが自分を調節できるようになるために、どのような感覚によって自分の心が静まっ

たり、敏感になったりするのか、注意力の度合いによって感じ方がどう変わるのかを教えるのに役立つ。

　ZONES は、The Alert Program® をもとに作られ、感情や考え方を変えると注意力の度合いにどのような影響を及ぼすかについても説明している。さらに、ZONES は、子どもが心の状態をコントロールできるようになるために、感覚的な補助、ものの考え方、心を静め周囲に気を配るためのツールを利用することを促す。

　ZONES の概念は、ケリー・ダン・ビューロン氏とミッツィ・カーティス氏の見事な取り組みである、「Incredible 5-point Scale（すばらしい 5 段階スケール）」が拡充されたものでもある（www.5PointScale.com（英語版））。このすばらしい 5 段階スケールは、社会的概念や感情的概念、行動について教えるための視覚的な教材で、そのような概念の度合いをわかりやすく 5 段階に分けている。わかりやすく段階分けした教材は、子どもが自分のさまざまな行動（自分の心や行動の調節、声の大きさなど）を体系化したり監視したりするのに役立つ。考え方の度合いに数字をつけることで、子どもも指導者も目標とする考え方に関して観察したり、話をしたり、感想を述べたりといったことがより楽にできる。5 段階スケールを見習い、ZONES では感情や注意力・集中力の状態を表すのに 4 つの段階を用いている。

　The Alert Program® と 5 段階スケールのおかげで、ゾーンを使った情動・行動調節が発展するための基礎ができた。ZONES のカリキュラムは前進し続け、ミッシェル・ガルシア・ウィナー氏の Social Thinking®（社会的思考）（www.socialthinking.com（英語版））における取り組みが、ZONES の授業に大きな貢献をもたらした。社会的思考における共同の取り組みは、子どもが自分の行動によって、他人がどれだけの影響を受け、それが子ども間の人間関係にまでどれだけの影響を及ぼすかを理解するのに役立つ。人との付き合いの中で感情の過程を理解することは、心の調節を行う上で欠かせない。ZONES を作り上げる際、ウィナー氏の Social Thinking® を隅から隅まで参考にさせていただいた。

✅ ZONES とは何か？

　ZONES とは、子どもにどのようにして自分を調節するかを教えるための概念的な枠組みである。複雑な感情や状況をわかりやすく区分けすることで、子どもは批判される心配をすることなく、安心して自分の感情を理解し、それを伝えることができるようになる。またちがうゾーンに移動する際の方法やツールに自分からアク

セスできるようにもなる。4つの色で示されるゾーンは、注意力や集中力、エネルギー、感情の度合いを表す。

これらのゾーンは、信号機の色に例えられる。信号が緑の時は進んでよしの「グ

ブルーゾーン	気持ちのレベルが低い状態を意味する。悲しい時、疲れた時、具合が悪い時、傷ついた時、孤独な時、退屈な時など、このような状態にある時の身体や脳の動きはゆっくりで不活発である。
グリーンゾーン	落ち着いて、周囲に意識を向けることができる状態を意味する。具体的には、落ち着いている、幸せである、物事に集中できるという状態である。精神的には、安心感があり、心が整理されている状態、人の話を聞ける状態であることを意味する。他のゾーンにいても学ぶことは可能だが、学ぶ状態としては最も望ましい状態である。
イエローゾーン	気持ちのレベルが若干高いものの、まだ何とか自分をコントロールできている状態を指す。ストレスや葛藤を感じる、不安に思う、ワクワクする、ふざけている、緊張している、困惑している、圧倒されているなど、自分の気持ちや状態がいつもより少し高揚している時（身体がゆらゆら動いている時、もじもじしている時、感覚的な刺激を求めている時など）はこの黄色のゾーンにいると言える。イエローゾーンは、コントロールを少し失い始めた状態である。
レッドゾーン	エネルギーのレベルが非常に高く、気持ちに余裕のない状態、あっぷあっぷした状態、コントロールすることが難しいような状態を意味する。意気揚々としている時、怒っている時、激怒している時、逸脱してパニック状態に陥っている時、何かに怯えている時などは、レッドゾーンにいると言える。

リーンゾーン」。信号が黄色の時は、ゆっくり注意をして進めという意味で「イエローゾーン」。信号が赤の時は、止まれ。つまり、「レッドゾーン」にいる時は、少し立ち止まって、自分を調節する必要があることを意味する。「ブルーゾーン」は、疲れた時やリフレッシュしたい時に車を停める休憩場所、高速道路などのサービスエリアに例えられる。

誰もがその時々にこの4つのゾーンすべてを経験することを、子どもに繰り返し教えることが重要である。レッドゾーンやイエローゾーンにいても、悪くないし、いけないことでもない。レッスン4で紹介する「私の中のゾーン」でもそのことを強調している。子どもに、このゾーンはよくて、あのゾーンは悪いなどと決して言っ

てはならない。大切なのは、子どもが自分の気持ちに気づき、自分の感情やゾーンをコントロールし、自分が健全な状態や気持ち、行動をコントロールする感覚を身につけられるようあなたが指導することである。それによって、子どもはツールを使って自分の行動を調節し、ゾーン間を移動できるようになる。

ZONESは、子どもが自分の注意力・集中力や感情のレベルを認識できるようになることを目指すもので、良し悪しを判断するのでも、批判することを目標としているのでもない。

子どもがレッドやイエローのゾーンにいる時、それを指摘することは簡単だ。しかし、子どもが求められていることを行なっていない時に、実際に、子どもが思っているのとはちがう色のゾーンが指導者によって示されてしまった場合、指導が逆効果になる可能性が高くなる。子ども自身が、求められている行動に対して自分のゾーンを調節し、自分のゾーンを調節するために必要なツールを使えるようになるために、前向きな言葉を使って促していこう。子どもがあるゾーンにいる時、どのゾーンにいるかをさりげなく教えることによって、子どもはそのゾーンにいるのはどういう時かを認識できるようになる。

✅ ZONES用語の説明

次に挙げるのは、ZONESの中で使われる用語である。

- **ツールや方法**：安定した状態でいられるよう、自分の心を静めたり高めたりするのに使うもの。
- **ツールボックス**：子どもがその時の状態に合わせて、自分の心の状態を静めたり高めたりするために使うツールの数々。
- **トリガー**：自分をコントロールできなくなった時の原因となるもの。またブルー、イエロー、レッドゾーンに入る時に見られる様子。
- **「止まれ」「注意」「進め」**：衝動を抑え、よりよい問題解決をするために取り入れられる考え方。子どもの関心を引くために、この言葉を信号機と一緒に用いる。
- **望ましい行動**[1]：周りの人に快く受け入れられる行動。
- **望ましくない行動**[1]：周りの人が困惑する行動。
- **行動する人**：各場面で、望ましい行動や望ましくない行動を示す人のこと。

- **問題の大きさは？ それは大きな問題？ 小さな問題？**[1]：この質問を投げかけることで、子どもは、直面している問題の大きさ（大、中、小）を把握する。
- **大きな問題**：多くの人が関わるような問題。なかなか簡単に、あるいは迅速に、気楽に解決できないような問題。
- **中くらいの問題**：ある程度の数の人が関わることになり、1時間から数日以内に解決できるようなレベルの問題。
- **小さな問題**：1〜2人程度の人が関わり、それほど気に止めなくても、またはほんのわずかの時間で解決できる程度の問題。
- **心の中の指南者**：肯定的な考え方をする存在。
- **心の中の批判者**：否定的で、自分の心を挫くような考え方をする存在。
- **超柔軟な考え**[2]：自分とはちがう考えや行動を受け入れることのできる柔軟な考え方。
- **石頭的な考え**[2]：一つの考え方に固執し、他人の意見や行動を受け入れられない頑固な考え方。

---

1 Social Thinking vocabulary developed by Michelle Garcia Winner, *Thinking About YOU, Thinking About ME*（2007）
2 Social Thinking vocabulary developed by Stephanie Madrigal and Michelle Garcia Winner, *Superflex: A Superhero Social Thinking Curriculum*（2008）

Chapter 2

よーい…
このカリキュラムの使い方

　本章では、ZONESのカリキュラムの使い方や子どもを指導する際に準備すべきことなどをくわしく学ぶ。自分のクラスの子どもを指導する上で、他の指導者たちとどう協力し合っていくか、どのようにすれば子どもがZONESの資料を管理できるか、授業の長さや形式、流れ、どのような資料が必要か、ZONESの授業を主要教科の授業にどう結びつけるかについて述べる。

☑ グループ分け

　ZONESの授業を行う時、認知レベルが比較的近い子どもたちを一緒のグループに入れると効果的である。1つのグループには2人から4人くらいがよい。1学級単位であれば、もう1人指導者に入ってもらうとよいが、大きめのグループの場合でも、子ども数は8人から10人くらいが比較的授業を行いやすい。子どものグループを決める時、子どもが自分の行動を省みる力や人の考えを受け入れる力があるかどうかも考慮に入れるとよい。周囲に対する意識の低い子どもは、グループ内で求められることに適合することができず、自分を抑えられないといった問題行動が起きる可能性がある。その場合、個人、または2人一組といった形で学ぶ方が効果的であろう。人との付き合いにおける認知力や自分の情動・行動を調節する力は、それぞれちがうため、中には、他の子どもとは異なるスピードで授業を行う、個人指導を必要とする子どももいる。グループ授業を目論んで計画を立てていたとしても、1対1での指導に切り替わった場合に備えて、簡単に調節できるようなカリキュラムである。

　自分をなかなかコントロールできない子どもが、個人指導でもグループ指導でもついていけるというのが理想である。その場合、個人指導ではその子どもに合わせて作られた内容に取り組み、グループでの授業では社交的な要素を学ぶようにすると有効である。グループの授業に参加すると、他の子どもからの「人と関わってい

く上での要求」について考える機会が増え、その結果、自分をコントロールする力も増す。まだグループ授業に参加できない子どもは、1対1の授業から始め、自己調節のスキルを学ぶことに的を絞るとよい。

☑ 子どもに関わる人たちとの協力

　一緒に進めていくチームのメンバー（他の指導者、子どもに関わる人、学級の補助をするスタッフなど）がZONESの概念や用語について理解すると、子どもが自己調節を効果的に学べるような心地よく協力的な雰囲気の環境ができてくる。

　このカリキュラムには、ZONESの概念を説明する手紙（ワークシートA：「ZONESについてのご案内」）や関連用語集（ワークシートB：「ZONESで使われる用語」）などの簡単に取り出して使える教材が含まれている。子どもと密接に関わっている人たち（指導者、セラピスト、カウンセラー、事務職員、家庭教師、補助要員など）と話す時間を作り、子どもが自分をコントロールできるようになるための目標設定や、指導方法について決めておくとよい。その際は、子どもに関わるチームの全員が同じ理解でいられるよう、ワークシートAとBも一緒に検討しよう。子どもに関わっている人たちに、毎日の生活のさまざまな場面でゾーンを用いることが、子どものためになることをしっかり説明しよう。

　子どもと密接に関わっている人に、ZONESの用語の使い方やいろいろな状況における考え方を示してもらうことによって、子どもはZONESの教材を応用したり用語に慣れ親しんだりすることができる。また、自分の感情や要求に沿った言葉を使って、誰にでもわかる方法で伝えることができるようになる。子どもがレッドやイエローのゾーンにいて、この先どうなるか予測がつきにくい場合、子どもと関わる人たち全員がZONESについて十分理解していると最適である。それによって、大人が子どもの「行動を管理する」のではなく、子ども自身が自分の行動を調節できるようになるのだ。

　ZONESの授業が終わり次第、子どもが取り組んだワークシートのコピーを帰宅時に持たせて、家族と共有しよう。また、子どもに関わっている他の大人たちにもコピーを共有すると、子どもの状況がよくわかってよいだろう。このような方法により、チーム内のコミュニケーションがよく取れて、毎日のさまざまな状況の中で自分をコントロールすることを学んでいる子どもに対して十分な支援をすることができるようになる。子どもの自宅、学校、外部でサービスを提供する人たちとの間

で、常にオープンなコミュニケーションを心がけることによって、子どもが何を学び、配られたワークシートを使って何を話し合ったのか、子どもがもっと成長するためにはどのような支援が必要かについて全員が共通の理解をもつことができる。ただし、子どものことを他の人たちと話す前に、子どもの情報を他の人と共有してよいかどうか、子どもの保護者に書面で許可を得ることを覚えていてほしい。子どもに関わるチームのメンバーたちと協力しあっていくのは煩わしいと思えるかもしれないが、子どもを成功に導くには欠かせない過程である。自閉スペクトラム症や注意欠如・多動症の子どもは、指導者や世話をする人たちが一緒に教育、支援を行うことでより理解が深まるという研究結果がある（Miranda, Presentación & Soriano, 2002 and Sofronoff, 2005）。

■ ワークシート A・B

✅ ZONESのファイルの教材を整理する

　それぞれの子どもが、配られたプリントや使ったワークシートを保管できるファイル「ZONESファイル」を購入することを推奨する（ポケットファイル、またはリングファイルでよい）。子どもに前もってファイルを作らせ、自分の個性を出すために、自分の心を静めることのできる場所や好きなことをしている自分の絵をファイルの表紙に描かせるのもよい。もし、絵を描くのが難しいようであれば、好きな活動を行なっている子どもの写真でもよい。ファイルには子どもの名前と担任の名前を記し、もし、なくしてもすぐに戻ってくるようにしておこう。ファイルはさっと手に取れる場所に置くよう指導する。ZONESに関する視覚的補助や概念を、机や壁、心を静められる場所などに貼っておくことで、子どものニーズを把握しやすくなる。本書に付いているダウンロード可能なワークシートを複製するのもよい。

　ZONESファイルの中に入っている情報を周りの大人や友だちと共有するよう、子どもにすすめよう。ZONESファイルをなくす確率を減らすために、家や他の指導者の授業には、実際のファイルからのワークシートではなく、そのコピーを持たせることをおすすめする。情報を共有することで、子どもは自己コントロールのスキルを学ぶのに周囲の人たちが協力的であることを知り、より自信を持ってスキルを習得し、そのスキルを別の環境でも応用できるようになる。

✅ グループ授業の進め方

　グループの大きさや話し合いに使う時間、子どもの能力によって変わってくるが、授業はおよそ30分から60分の長さで設定しよう。各授業の最初には、子どもが授業の内容をより理解できるよう、背景にある情報をきちんと説明しよう。授業は、導入、アクティビティー、まとめといったように、毎回同じ順序で進める。各授業の予定を黒板に貼ると、子どもはこの授業では何が行われ、どのように進められるのかがわかり、子どもの不安を和らげることができる。

　子どもたちは、貼られた予定を見ながら、自分の行動を予定したり管理したりすることができ、効果的である。授業によっては、複数のアクティビティーを行ったり、参加している子どもに合わせてちがう方法で指導したりすることもある。また、内容の理解をより強化するために、カリキュラムの範囲を拡大して追加のアクティ

ビティーを取り入れることもあるだろう。前回の授業で教えた内容やワークシートをおさらいすると、子どもは前回習得したスキルに新しいスキルを積み重ねていくことができる。イエローゾーンに対応するツールをどのようなタイミングで使うかを習っている場合（レッスン14参照）、「私がイエローゾーンにいる時」の似顔絵や写真を思い出させよう（レッスン6参照）。

　各授業では、子どもが理解を深め、教えられた内容と自分の生活との間に意味のある関連性を見出せるよう、話し合いに使う質問内容は徹底的に吟味しておこう。

　授業が終わったら、子どもにとって身近な人たちが、子どもがZONESで習った内容を毎日の生活の中でうまく応用できるよう引き続き指導していこう。あなたや他の人たちがいろいろなゾーンに入っている時、自分をコントロールするためにどのようなツールを使うのか、子どもに話すのもよい。次に、あなたが子どもに、今どのゾーンにいるかを尋ね、ツールを使おうとしている時は前向きな言葉をかけて、それを強化しよう。子どもが自分の感情をあまりコントロールできていない状態の時には、子どもと一緒にその状況や理由を考え、ZONESや自分をコントロールするためのツールを選ぶ手助けをすることが大切である。

☑ ZONESを通常教育の学力基準と関連づける

　ZONESはそのまま用いることも可能であるが、通常教育の学力基準に合わせて適度に取り入れることもできる。どのようにして通常教育の基準に関連づけるか、いくつかの例を挙げる。

　算数や数学で、折れ線グラフや棒グラフを書いたり、そこに記されたデータを読んだりすることがある。ZONESを使って、ある一定期間子どもにデータを集めさせ、そのデータを使って、自分の気持ちを静めるためにはZONESで習ったうちのどのツールが一番効果的か、結論を書かせてみる。また予期しないゾーンに入ってしまった場合、1日のうちで決まった時間や授業の時にそれが起きているかどうかを特定するといったように、データからその傾向を探らせてみるのもよい。

　読み書きの授業では、子どもの語彙を増やし、より広い範囲の中から自分の感情を特定できるようになることが望ましい。読書を学習活動に取り入れる場合、子どもが推論を元にした理解力や描かれた内容を推測する力、書かれた内容を過去の知識や経験に関連づける力を要することから、ハードルが高いかもしれない。本の中で描かれている、自分をコントロールすることに苦労している登場人物を含む具体

「慣れていくために日記をつける」

カリキュラムを紹介していく中で、子どもがゾーンにいち早く慣れていくための1つの方法として、日記がある。授業での話し合いの代わりに、日記の中で、授業の中で出した質問について考えさせてみるというのがある。

日記を取り入れることで、教えた内容に対する理解度や国語力を判断することもできる。子どもの日記が提出されたら、内容だけでなく、（もし文章の構成に点数をつけるのであれば）句読点や綴り、文法、読みやすさ、文章の構成なども見て、子どもに対してあなたが期待することを明確に伝えよう。もし文章構成に問題がないのであれば、綴り、文法、句読点に慣れていくための早見表を用いるのもよい。

的なお話を使って、子どもの生活に関連づけられるような質問を投げかけるのも一つの方法である。

たとえば、子どもに、登場人物と同じような状況に置かれたら、どのツールを使って自分をコントロールしますか？と尋ねてみてはどうだろう。もし指導者が試したければ、文章を書く、綴りの練習をするといった基本的な授業を行うのもよい。

話し合いもアクティビティーの大切な要素なので、話をしたり、人の話を聞く基礎を取り入れたい。子どもは、ZONESの概念に関する会話や話し合いに参加しながら、効果的にコミュニケーションを図ることを学ぶ。

ZONESの概念とは、２段階の指示に従う、言われたことに耳を傾けたり、それを理解したりする、自分のニーズや気持ち・考えを友だちや周りの大人に伝える、状況にあった適切な音量の声を使って効果的にコミュニケーションを図ることを意味する。

ZONESは人間性の発達にも重きを置く。それには、注意深さ、信頼性、目上の人への尊敬意識、勤勉さ、自己修養、忍耐力、寛容さ、他人に対する尊重心、和解力、機知に富んでいることなどが含まれる。さらにこのカリキュラムは、人を傷つけない方法で葛藤を解決することを大切にしている。また、ZONESは、平等、尊敬、理解、効果的なコミュニケーション、個人の責任、考え抜かれた決断、葛藤に対する前向きな解決、効果的な対処スキル、批評的思考、聞く力、観察する力を促すことにも力を入れている。子どもの問題行動を減らし、最大限の成功を導くための手法「Multi-Tiered Systems of Support（MTTS）：支援の３段階システム」の中でも取り入れられている。

✅ 学習成果の確認

　学習成果を確認する場合、各授業の度に行うことをすすめる。各章の授業内容を実施した後に、子どもがどの程度理解しているかを手軽に見極める方法をChapter 3、Chapter 4、Chapter 5に紹介している。それには、クラスでの話し合いや活動に参加した際の子どもの理解度に耳を澄ますこと、子どもが取り組んだワークシートに書かれている内容を見ること、適用されたスキルを直接観察すること、子どもからまたは子どもと身近に関わっている人たちからの報告などが含まれる。各章の授業を行うにあたり、このようなチェックを日々行うことが重要である。そうすることによって、どの子どもがもっと支援を必要としているか、どの子どもが授業内容をすでに理解し次のステップに進むことができるかを判断することができる。

✅ 授業の流れ

　ZONESの授業計画については、これからの3つの章で説明する。

> Chapter 3では、4つのゾーンについて紹介する。ここでは、子どもがどのような時でも自分のゾーンを認識する、他の人の考えを聞いて自分の考えを見つけ出す、自分をコントロールする能力がその日の自分にどれだけ影響を及ぼすかを理解する、イエローやレッドゾーンに自分を導くきっかけを特定することなどを学習する。
>
> Chapter 4では、子どもが自分の気持ちを静めたり、自身の注意力・集中力を高めたりするためのさまざまな方法を紹介する。そこには、感覚のサポート、気持ちを静めるテクニック、物事の考え方などが含まれる。
>
> Chapter 5では、子どものゾーンを左右する、Chapter 4で習ったツールをなぜ、いつ、どのように使うかについて学ぶ。それらのツールを毎日の生活の中でどのように組み込むかについても学習する。

　Chapter 3とChapter 5で紹介する授業は、次から次に増えていく細かな情報を管理しやすいような順序で、また、指導者と子どもが情報を整理しやすいようにという意図を含む。Chapter 4の授業はどのような順序で教えてもよいが、子どもが

どのゾーンにいる時にツールが必要になるかを理解し始めるタイミングで取り組むことが望ましい（例：自分の心を静めるツールが必要ならば、イエローかレッドゾーンにいる時に役立つ、自身の注意力・集中力を高めるためのツールはブルーゾーンにいる時に役立つ、集中するのに役立つツールはグリーンゾーンにいる時に使うとよい）。

子どもは、各ゾーンがどのような意味を持ち、そのゾーンにいる時にどのような気持ちになるのかがわかるようになり（レッスン4）、ツールが役立つかどうかの判断力も身につける（図1：授業の流れを視覚的に理解するための「全過程におけるZONESの指導図解」を参照のこと）。

レッスン3の内容をまだ学んでいる最中に、同時に、レッスン4に紹介するツールを定期的に学んだり、実際に使ってみたりするのが理想的である。その日の授業の主題に入る前に5分ほど時間を取って、ツールについてグループで復習したり実際に使ってみたりするとよい。

子どもがゾーン間を行き来するのに役立つツールを自分なりに十分準備できたと感じたら、自分でツールの管理をし、自分の感情をより効果的にコントロールできるようになるためのChapter 5の内容に進むとよいだろう。

図1）全過程におけるZONESの指導図解

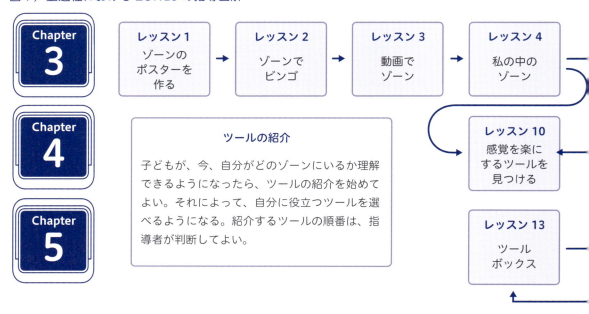

カリキュラムの最後となるレッスン18「私のツールの使い方を褒めたたえよう」は、子どもが自分のツールを使うことを強化するためのレッスン13を終えてから始める、一歩前進した授業内容となっている。レッスン18の中で紹介するZONES免許証は、「ツールを使ったで賞！」（レッスン18参照）を子どもがある程度決まった回数もらった時、またはゾーンの授業が佳境に入った時に渡すとよい。

　子どもの能力や学年に応じて、学習内容をその子どもによりふさわしいもの、または年齢相応のものに調節する必要が出てくるかもしれないが、いずれにしても、子どもが授業の概念を理解できるよう、関連した質問を投げかけて、話し合いの場を作ることが大切である。

　子どもが習った内容を完全に理解し、毎日の生活の中で応用できるようになるためには、レッスン内容を複数回、または決まったペースで復習することが最も効果的である。特に、レッスン4以降の授業ではそれが必要となる。

　自分をうまくコントロールする力は、一晩で習得できるようなものではない。時間、忍耐、理解、そして支援を必要とする。どのくらいで自分をコントロールできるようになるかは、本当に人それぞれで、数週間のレッスンを受け、日頃ほとんど意識しなくても、習ったことを般化できるようになる子どもがいる一方で、理解す

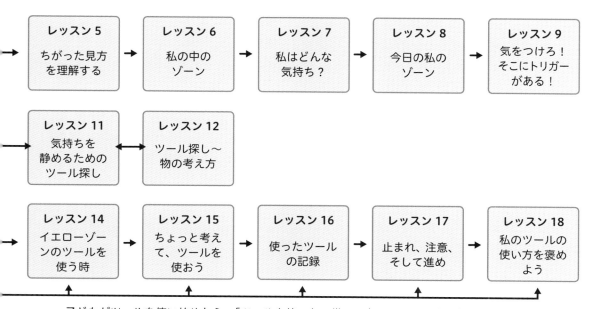

子どもがツールを使い始めたら、「ツールを使ったで賞！」（レッスン18参照）を授与する

るのにかなり長い期間を要する子どももいる。もし子どもがなかなか先に進まず、習った内容を理解できないようであれば、少し休んで、カリキュラムから離れてみるのもよい。何か月かの中断の後、時間の経過とともに、認知的に成長することで、よりよい結果を生むこともある。中断している間も、すでに習ったことを強化し応用できるようあなたが手助けしていくことは大切である。

✅ 教材の収集

　印刷可能な資料やワークシートは、ダウンロード可能な教材として、カリキュラム内で紹介しているので参考にしてほしい。その多くは、各授業の前に手軽に用意できるものであるが、使ってほしい教材の中には、準備するのに少々時間を要するものもある。次のようなものがそれにあたる。

- ４色のゾーンカラーと黒の色画用紙
- ゾーンカラーの色えんぴつ、サインペン、クレヨン
- 黒の油性ペン（細字のものが好ましい）
- それぞれの子ども用のクリアファイル、またはルーズリーフバインダー
- ［4－7歳の子ども向け］シェリル・カッチェンマイスター『On Monday When It Rained（雨の月曜日）』（1989年）、またはジェナン・ケイン文・絵『The Way I Feel（私の心）』（2000年）（レッスン１で使用）
- 切り抜いてもよい雑誌（レッスン２で使用）
- ［8歳以上の子ども向け］映画『The Outsiders（アウトサイダー）』（Zoetrope Studios、1983年）（レッスン３で使用）
- ［4－7歳の子ども向け］チャールズ・シュルツの、Charlie Brown（チャーリー・ブラウン）の映画やテレビ特別番組、またはディズニーの映画『Finding Nemo（ファインディング・ニモ）』（2003年）（レッスン３で使用）
- デジタルカメラと写真をプリントできるデバイス（コンピューター、プリンター、プリンター用紙）（レッスン６と18で使用）
- ハリー・アラード、ジェームズ・マーシャル『Miss Nelson Is Missing』（1977年）（日本語版『ネルソンせんせいがきえちゃった！』もりうちすみこ訳（朔北社、2017年））（レッスン６で使用）
- ［4－7歳の子ども向け］ジョアン・グリーン『Do I Feel? An Interactive Reading

Book of Emotions（私の気持ち？ 感情について学ぶ対話式絵本』（2004年）（レッスン7で使用）
- ［8歳以上の子ども向け］ジョアン・グリーン『I Have Feelings,Too! An Interactive Reading Book of Emotions for Teens,Adults and Seniors（私にも感情がある！ 感情について学ぶ対話式絵本〜青少年、大人向け』（2004年）（レッスン7で使用）

　指導者の方へ：この本に描かれている絵は、子どもによっては、幼稚だと感じるかもしれない。

- 知覚を促すツール

　たとえば、ストレス解消ボール、Silly Putty®（シリコン製のおもちゃ）、米の入った容器、重量感のある毛布・ベスト・ひざ掛け、バランスボールやバランスディスク（どちらも空気を入れて膨らませて使うクッションで、子どもはその上に座ることで、かすかな動きを体験できる）、ノイズキャンセルリング可能なヘッドホン、キックボード、なわとびやトランポリン、自転車や子ども用スクーターに乗る、ビーズクッション（粒状のプラスティックや豆の入った大きな袋状の椅子）、大きい枕、セラピーボール（レッスン10で使用）

- スポンジまたはウレタンフォーム（ベッドのマットレスのお店や工場でわけてもらえることがある）（レッスン12で使用）
- ガムテープ（レッスン12で使用）

✅ 補助教材

　補足事項として、おすすめの情報を巻末資料に載せている。そこには、ZONESの中で引用させていただいた著名な先生方が作られた資料を含む、指導方法、授業内容、テクニックに関する情報を紹介している。さらに、他の情報源から得た補助資料、書籍、ツールなども学習効果を高める上で役に立つので、巻末「おすすめの情報」に紹介している。

　子どもが自分をコントロールするツールを見つけながら、その意味を理解する必要があることを踏まえて、ミッシェル・ガルシア・ウィナーが開発したSocial Thinking®で用いられている授業計画を、彼女の許可を得た上で、ZONESのカリキュラムにも採用させていただき、本書の中でも利用できるようになっている。それによって、読者は、子どもがZONESの授業で自分の情動・行動調節を学ぶ際に、楽な方法でウィニー氏の考え方を補足として教えることができる。ZONESに関する優れた補

助カリキュラムとして、ウィナー氏の著書『Thinking About YOU Thinking About ME（私のことを考えるあなたのことを考える）』第2版（2007年）と追加カリキュラムである『Think Social!（社会的に物事を考えよう！）』（2005年）を挙げる。

Part 2
実践編

Chapter 3
スタート!!!
子どもにZONESを教え始める

　本章では、人にはゾーンというものがあり、それぞれに、自身の注意力・集中力のレベル、感情のレベルがあることを学ぶ。子どもが自分の気持ちを表す語彙を増やし、自分自身や他人の気持ちを認識し、心の状態が周りにどのような影響を与えるかを理解し、コントロールしづらい心の状態を引き起こす原因に関して、より自覚を高めることができるような内容を紹介する。その結果、自分の置かれた環境だけでなく、今経験しているゾーンに影響を及ぼすと思われる自分の感情や感覚的、身体的なニーズを自覚できるようになる。

　どのゾーンも誰もが経験するものであり、よいとか悪いとかを判断するものではないことも学ぶ。このカリキュラムを学ぶ現時点で最も大切なことは、自分に対する気づきである。

　本章の最後（P.97）では、子どもが概念を理解しているかどうかを確かめるのに役立つ「習得状況を見る方法」を紹介している（ワークシートQ「ゾーンの確認」、ゾーンのパラパラブック、ゾーンのポスター）。

☑ 本章の目的

この章では、子どもは次の内容を学習する。

- いろいろな感情の範囲を知り、それらが子どものゾーンにどのように関係するかを判断する力を育てる（**レッスン1・2・3・7**）。
- 自分が今経験しているゾーンでは、自分の身体にどのような兆候が現れるかを自覚する（**レッスン3・6**）。
- 各ゾーンに自分を導くきっかけや状況を判断する、洞察力を養う（**レッスン4・8・9**）。
- 自分のゾーンや行動が、周りの人の考えにどれだけ影響を及ぼすかを考える（**レッスン3・4・5・8**）。

本章での授業を受けるにあたって、子どもは次に挙げる本質的な問いについて考える。

・ZONESとは何か？
・ゾーンは、自分の今の気持ちや自身の注意力・集中力のレベルを特定するのにどのように役立つだろう？
・さまざまな感情が、それぞれのゾーンにおいて、どのようにちがう役目を果たしているか？
・自分のゾーンをコントロールすることは、周りの人の考えに影響を及ぼすか？
・ゾーンを変える方法を理解することが、自分にとってどのように役立つか？

 指導者の方へ

　この時点で、Chapter 2に紹介した「ZONESファイル」すでに作っておくことが望ましい。

レッスン計画とアクティビティー

レッスン1
ゾーンのポスターを作る

Lesson 1

■ 授業目標
- 子どもがZONESの概念に親しみ始める
- 自分の気持ちを表す語彙を増やす
- 顔の表情を認識する力を伸ばす

■ 用意するもの
- ☐ 30cm×45cmの色画用紙。ゾーンカラーと呼ばれるグリーン、イエロー、レッドを各2枚、ブルーを1枚。
- ☐ 黒の色画用紙を1枚
- ☐ 4色のゾーンカラーのマジックペン
- ☐ のり
- ☐ はさみ
- ☐ ワークシートC「各ゾーンの感情」1部
- ☐ いろいろな感情を示す絵を作る代替ツールとして、ボードメーカー（www.mayer-johnson.com（英語版）などのソフトウェア
- ☐ ワークシートD「ゾーンの名称」1部
- ☐ ワークシートE「ゾーンの視覚的補助シート」を子どもの人数分
- ☐ ［4-7歳の子ども対象］シェリル・カッチェンマイスター『On Monday When It Rained（雨の月曜日）』(1989年)、またはジェナン・ケイン文絵『The Way I Feel（私の心)』(2000年)
- ☐ ［8歳以上の子ども対象］切り抜いた絵を入れておくための箱（帽子、バケツ、瓶などでもよい）

✓ あらまし

　ここでは、誰もが味わうさまざまな感情や自身の注意力・集中力のレベルを分類するためのゾーンについて子どもに紹介し、教室に掲示する視覚的補助を一緒に作っていく（図2）。いろいろな感情を表す絵や写真を箱から取り出したり、気持ちに関する記述を本の中から見つけたりしながら、子どもはこのカリキュラムの基礎となる4つのゾーンをしっかり理解できるよう学習する。また、感情を特定し、顔の表情を認識する能力を身につけていく。

✓ ゾーンのポスター作りの準備

（いずれは、子どもたちだけで準備できるようにしよう）

- ワークシートC「各ゾーンの感情」を1部ずつ印刷。
  ［4-7歳の子ども向け］本の中に出てくる感情に合う絵を切り取っておく。
  ［8歳以上の子ども向け］感情を示す絵をすべて切り取り、箱に入れる。
- 各色の画用紙に、道路標識の形を書いて切り取る。
  十分な大きさになるよう、ブルー以外の紙は、同じ色の画用紙2枚を使ってテープで貼り合わせる必要があるかもしれない。
  - 止まれの標識であるレッド：六角形　35cm×35cmの正方形の色画用紙の四隅を切り取る。
  - 注意を意味するイエロー：ひし形　35cm×35cmの正

方形の色画用紙をひし形に見えるよう回転させる。

・進めを意味するグリーン：円　色画用紙を直径35cmの円に切り取る。

・休憩を意味するブルー：長方形　ブルーの色画用紙をそのまま使う。

● 黒の色画用紙を4つの標識の支柱（1つにつき2.5cm×30cm）の形に切り取り、それぞれの標識に支柱に見立てて、貼り付ける（図2）。

✋ **指導者の方へ**：これらの視覚的補助をわかりやすく掲示するために、4つの色画用紙で作った標識を、左からブルー、グリーン、イエロー、レッドの順に並べ、テープで固定しておくとよい。

● （もしカラー印刷していないのであれば）4つのゾーンの名称部分に色を塗り、それぞれの標識の中心に貼りつける。ポスターを壁に貼る際には、4つの標識の上に「ゾーンを使った情動・行動調節」というタイトルをつけよう。

● ゾーンのポスターを、子どもがいつでも見ることができるよう教室に貼る。

● 予定を板書する。

　1．導入
　2．ゾーンのポスター作り
　3．まとめ

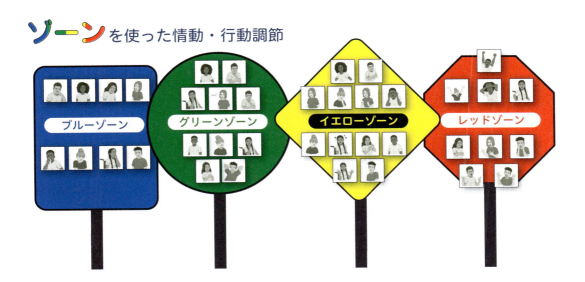

図2）ゾーンのポスター

✅ 導入（全年齢層共通）

1．まずは、子どもの興味をひくために、私たちの感情や行動を4つのグループ（ゾーン）に分類できると思うか尋ねよう。視覚的補助として、ゾーンのポスターを使いながら、ゾーンの考え方を次のように紹介しよう。

- あなたたちの心や身体がどのような状態かを表すために4つのゾーンというものがある。
- ブルーゾーンは、エネルギーレベルが低く、気持ちが沈んでいる状態。
  例）悲しい、疲れた、具合が悪い、退屈な
- グリーンゾーンは、落ち着いていて、感情がコントロールされている状態。
  例）幸せな、集中している、満足している、誇りに思っている
- イエローゾーンは、エネルギーのレベルが高くなり始め、気持ちが少し大きくなった状態。
  例）心配な、きまりが悪い、ふざけた、ワクワクする、不満な、揺れ動いている
- レッドゾーンは、エネルギーレベルが極めて高く、気持ちが大きく激しい状態。
  例）とにかくものすごく幸せで意気揚々とした状態、非常に腹を立てた状態、激怒した状態、パニックに陥った状態、打ちひしがれたり脅えたり、コントロールができない状態

2．授業の目標を子どもと一緒に確認しよう。
　心の状態、いろいろな感情を4つのゾーンに分類するアクティビティーをこれから始めることを伝えよう。

✅ 年齢層別のアクティビティー

〔4-7歳の子ども向け〕

　就学前、または7歳までの子どもには、次のような方法で教えよう。

1．ZONESについて紹介し、自分の気持ちを示すにあたり、まずは本を使って、ゾーンを使うことに慣れていこうといった内容を説明する。
2．『On Monday When It Rained（雨の月曜日）』『The Way I Feel（私の心）』の本を使って、登場人物の気持ちが表れている部分を子どもに読み聞かせる。

3．登場人物の気持ちを明らかにする前に、子どもに想像させ、それはどのゾーンに当てはまるかを考えさせる。
4．本を読み進めながら、子どもに、ワークシートC「各ゾーンの感情」に示された感情の中から当てはまるものをゾーンのポスターに貼らせる
（例：ふざけた＝イエロー、怖い＝イエロー、がっかりしている＝イエローまたはブルー、幸せな＝グリーン、悲しい＝ブルー、退屈している＝ブルー、ワクワクする＝イエロー、やきもちを焼いている＝イエローまたはレッド、誇りに感じている＝グリーン）
5．子どもに、それぞれの気持ちをどのようなタイミングで感じとり、その気持ちがどのゾーンに当てはまるかを、どのようにして判断したかを尋ねる。本を読み終わったら、さまざまな場面で、どのゾーンにいてもよいということ、人間誰もがそうであることを繰り返し強調する。

■ ワークシートC 「各ゾーンの感情」

〔8歳以上の子ども向け〕
　8歳以上の子どもには、次のような方法で教えるとよいだろう。
1．子どもに、順番に箱の中から感情のカードを1つ選ばせる。
　　順番が来た子どもは、自分の選んだカードに書かれた感情について、他の子どもたちに説明をし、その絵をみんなに見せる（いきなり壁のポスターを使うのではなく、まずはクラスのみんなに言葉で説明してみようと促す方がうまくいく場合が多い）。もし、そこに書かれた感情が、子どもたちにとってあまり経験のないようなものであったら、どのような時にそのような気持ちになるかの例を挙げよう（例：私は、テストの前になったら不安になることがある）。
2．感情のカードを選んだ子どもに、その感情を抱いた時の顔の表情はどのような感じかを尋ねてみる。
3．その感情は、ポスターのどこに当てはまるかをグループで考え、そのカードをポスターに貼る（この過程を通して、どの子どもがZONESの概念を理解していて、どの子どもがわかっていないかを見極める。わからなくて困っている子どもには援助する）。
4．グループの代表として、そのカードを引いた子どもは、ゾーンのポスターの当てはまるところにそのカードを貼り付ける。
5．終わったら、子どもが学んだことを続けて復習できるよう、ポスターを見やすい場所、子どもの目の高さで、整備された壁などに掲示する。ZONESの授業を行った後は、子どもがゾーンのことを気にかけ、マスターしていくよう、頻繁にそのポスターのことを話題にしよう。

✅ まとめ

　授業の終わりに、今どのような気持ちで、どのゾーンにいるかを子どもに答えさせることによって、子どもがどの程度理解しているか確かめる。習得度をさらに確かめるために、次のような質問をし、掘り下げて話し合いをしよう。
・自分の気持ちを分類し、4つのゾーンに当てはめることで、自分自身をより理解するのにどう役立つか？
・またそうすることで、クラスの友だちをより理解するのにどう役立つか？
　自分がどう感じているかを認識することで、自分自身をよりコントロールできるようになることを強調しよう。たとえば、落ち着かない時、または不満な気持ちを抱いている時、そのために何かを行うことができる。もし、そのためのツールを

もっていないとしても、誰かに自分の気持ちをゾーンという言語を使って伝えることはできる。

✅ 学んだことを定着させる方法

- ZONESに関する情報や用語を子どもの保護者、教職員などの関係者と共有する（ワークシートA・B）。
- 通常学級の子どもにもZONESについて教え、学校全体でそれを取り入れる。
- 指導者自身も各ゾーンの間を行き来することを伝える。
- 子どもが多くの時間を過ごす場所（食堂や教室など）にゾーンのポスターを貼る。
- 子どもと保護者が自宅でも話題にできるよう、ワークシートEのコピーを各家庭に配る。
- その他、子どもが頻繁に行く場所に、ワークシートEのコピーを貼る。

✅ レッスン1に関する追加のアクティビティー

「私はどのゾーンにいるか当ててごらん！」

　子どもに実際とはちがうゾーンにいるふりをしてもらい、クラスの友だちにどのゾーンにいるかを当ててもらう。

　4色のゾーンカラーの画用紙を四角く切って、箱に入れる。子どもが慎重にその中から1枚引く。そして、その子どもはその色に分類される気持ちになりすます（必要なら例を示す）。他の子どもは、その子どもがどのゾーンにいるふりをしているかを考え、挙手し、演技をした子どもがその中から1人を指名して、どのゾーンにいたかを答えてもらう。ちがうゾーンにいることを正しく演技させ、他の子どもたちが、その子どもはどのゾーンにいるふりをしていたのかを答えさせることによって、子どもたちの習得度を判断することができる。

■ ワークシートD 「ゾーンの名称」

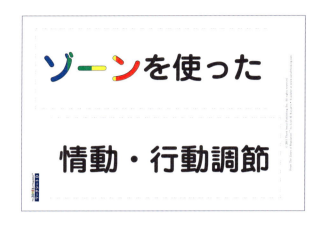

■ ワークシートE 「ゾーンの視覚的補助シート」

レッスン2
ゾーンでビンゴ

Lesson 2

✓ あらまし

　ここでは、ビンゴゲームをしながら相手の表情を見て、お互いの気持ちを当てる練習をする。楽しい方法を使って、さまざまな感情を認識したり、感情の名前をより多く覚えたりしながら、理解を広げていく。ここで紹介する授業を通して、子どもがいろいろな感情を正しくゾーン分けできるかどうかを見るのにも役立つだろう。

 指導者の方へ：自分の感情をうまくコントロールできない子どもにとって、いろいろな表情をうまく表すことは難しいかもしれない。他の子どもよりも表情に乏しく、活気のない子どもにそのような傾向がある。

✓ 準備

- もし必要であれば、ビンゴ用のマジックペンを用意し、画用紙を2.5センチ角に切って作ったゾーンのビンゴカードと一緒に使う。
- ゾーンのビンゴカード（「用意するもの」参照）を子どもに1部ずつ用意する。
- ワークシートC「各ゾーンの感情」を1セット用意し、それぞれの感情をハサミで切り取り、容器に入れる。
- 予定を板書する。
  1．導入
  2．ゾーンでビンゴ
  3．まとめ

✓ 導入

1．まず、指導者が大げさな表情を子どもに見せ、今どんな気持ちなのか想像させてみよう。次々にちがう表情を見せ、子どもたちが困った表情を示すまで、あなたがどの

■ 授業目標
・気持ちを特定する力を伸ばす
・顔の表情を理解する力を伸ばす
・ゾーンに対する理解を深める

■ 用意するもの
□ビンゴ用のマジックペン（ビンゴカードを区別するための色のペンをいくつか用意）、真四角の画用紙、オセロゲームなどの石、1円玉など。
　もし可能であれば、マジックペンは、ゾーンカラーの4色が望ましい。
□ハサミまたはカッター
□ワークシートF「ゾーンのビンゴカード」
□ワークシートC「各ゾーンの感情」のコピー
□ワークシートC「各ゾーンの感情」のカード用の入れ物（帽子、バケツ、びんなど）

ような気持ちでいるかを想像して答えさせる。
2．子どもに次の質問を投げかけてみよう。
「人の表情がどんな意味をもつのかを知ることは、なぜ大切だと思いますか？」
表情を読むことがどれだけ大切かを子どもに説明することで、子どもは、人が何を考えどう感じているかを少しずつ上手に言えるようになる。顔の表情は、人が何を考えているかを知る手がかりとなり、人とうまく関わったり、ともに行動したりすることにだんだん慣れてくる。
3．今日の授業の目標を子どもに説明する。

✅ アクティビティー

1．表情について勉強をし、新しい感情について学習するために、これから「ゾーンでビンゴ」ゲームを行うことを子どもに説明する。
2．あなたが感情を表す単語を言い、それが表情の絵のどれに当てはまるかを子どもに見つけさせる。もし、ビンゴ用のペンをゾーンの各色で用意できるのであれば、子どもにその感情がどの色に当てはまるか、ペンで印をつけさせよう。

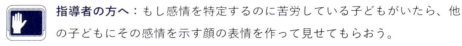**指導者の方へ**：もし感情を特定するのに苦労している子どもがいたら、他の子どもにその感情を示す顔の表情を作って見せてもらおう。

3．感情とビンゴカード上の絵を正しくマッチできたかどうかを見ながら、子どもの理解度を判断する。
4．誰かが「ビンゴ」と言うまで、子どもはカード上の絵にマークをつけていく。正確かどうかを確かめるために、子どもに「どの感情か」「それがどのゾーンに当てはまるか」を声に出して答えてもらう。

✅ まとめ

授業を通して子どもがどれだけ理解したかを確かめるために、次のような質問をして、授業を締めくくろう。
・今日新しくどのような感情や表情を学びましたか？
・それを表現できますか？
・人の表情を読み取ることで、その人がどのゾーンにいるかをわかるのに役立ちますか？
・人の表情を読み取ることができたら、人との関わり方がどのように変わりますか？

表情は、人の考えや気持ちを知る手がかりとなることを強調しよう。人が何を考えているか読み取ることによって、自分の行動を調節することができる。例として、心配そうな表情を子どもに見せ、このような時にどのような行動をとるか尋ねてみよう。

　他の子どもにも何か表情を作ってもらい、クラスの子どもに、それに対してどのような対応をすればよいか答えさせてみよう。

☑ 学んだことを定着させる方法

　日常生活の中で、周りの人の表情を見て、それがどのゾーンに当てはまるか尋ねよう。

　子どもに、鏡を見ながら、いろいろな感情に合った表情を作る練習をさせよう。

　これは、保護者や身近で世話をする人と一緒に、自宅で身だしなみを整えるような時にも行える練習である。

☑ レッスン2に関わる追加のアクティビティー

ゾーン・コラージュ（エステラ・ガルシア氏によって考案された）

　子どもに、雑誌の中からさまざまな表情を示す人の顔写真を切り取らせる。

　子ども一人ひとりにワークシートD「ゾーンの名称」を1部ずつ配り、子どもにそれぞれのゾーンの名称をそれに合った色の画用紙にのりづけするよう指示する。そして、子どもは雑誌から切り抜いた人の顔の写真を4つのゾーンに分類する。あなたは、子どもが写真を正しいゾーンに分類しているかどうか観察しながら、子どもがゾーンや表情について正しく理解しているかどうかを判断する。正しく行なっていることを確かめたら、それぞれの写真を正しいゾーンの中にのりづけさせる。さらに、理解を深めるために、各写真の横に、その写真に写っている人がどのような気持ちなのか、言葉で書かせてみる。そのコラージュを、今後も目にすることができるような場所に貼ろう。

■ ワークシートF 「ゾーンでビンゴ」

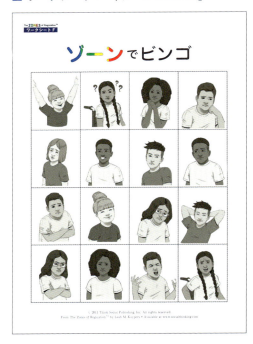

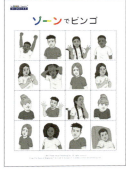

ちょっとひと休み
次のレッスンに進む前に

↓

　Chapter1で述べたように、ミッシェル・ガルシア・ウィナー氏が広い意味のSocial Thinking®の方法論の一部としてSocial Thinking®の用語を作り出した。この用語集は、ZONESで使われる用語にも取り入れられ、子どもが、私たちが周りの人の考えや感情にどれだけ影響を与えるかを学ぶのに役立つ。ZONESについてもっと学んでいく前に、次に挙げるSocial Thinking®の概念や用語について子どもたちに紹介してみよう。

- 望ましい行動 と 望ましくない行動
- 「自分の感情は変えられる」
- よい考え方 と 困った考え方

　Social Thinking®の用語を紹介したり、強化する方法については、これから紹介するレッスンを取り入れるとよい。それはミッシェル・ガルシア・ウィナー氏のカリキュラムThink SocialからZONESのために取り入れた内容である。Social Thinking®の概念は、子どもが、友だちとの関係を築いたり、友だちと何か一緒に行なったりする中で、社会性を磨くのに役立つ。Social Thinking®の用語は、これから続いていくZONESの教材やアクティビティーの中で継続的に使われる。

レッスン　望ましい行動と望ましくない行動[3]

　ここでは、私たちは皆、社会の状況（立場や、その立場にいる人々についてわかっていること）に基づいて、各々の行動や認識が望ましい行動なのか、望ましくない行動なのかに関心をもつことを学ぶ。

 重要な用語
→ 望ましい行動
→ 望ましくない行動

3　ウィナー氏の「Think Social（2005）」P.36の内容を許可の下で使用

ちょっとひと休み

> **このレッスンを授業で取り入れる方法**

1．子どもにグループに加わるよう促す。子どもたちは輪になって座る。
2．どの子どもがグループ活動をする準備ができているか観察する（望ましい行動）。
3．指導者であるあなたは、グループの子どもたちに話しかけながら、普通ではない、社会的に望ましくない一連の行動を見せる。
   a．床の上に寝そべったり、子どもたちに向かって転がったり、テーブルの上で身体を思いきり伸ばしてみたりする。
   b．子どもたちに、グループの一員となって学ぶことについて話し始める。望まれないようなことは何も起きていないかのように話す。
   c．子どもたちの反応を見る。
4．30秒から2分ほど経ったら（子どもたちがどの程度あなたがやっていることに興味をもつかによる）、あなたの示した態度がみんなを困惑させたかどうか、子どもに尋ねてみよう。
   a．あなたのやったことが望ましくない行動であることについて子どもたちに積極的な意見を求める。
   b．あなたが見せた望ましくない行動を見て、どう感じたか子どもに尋ねてみる。
   c．あの行動が人を困惑させるもので、「不安にさせたり」「混乱させたり」「不愉快な気持ちにさせたり」するとわかったことに対して、言葉に出して褒めよう。
5．黒板に表を書き、そこに状況を書く（例：レッスンのグループに入る）。表の最初の行の左側に「望ましい行動」、右側に「望ましくない行動」と記す。もし子どもたちがまだ字を読めないような年齢だったら、左側に笑っている顔、右側に不満そうな顔の絵を描く。
   a．子どもたちから返ってきた答えを元に、あのような状況で、みんなにとって望ましいと思われる行動のリストを作る。
   b．次に、望ましくない行動のリストを作る。4－7歳の子どもたちには、着想しやすいようサンプルの絵を描く。
6．グループに属するとはどういうことか、子どもに尋ねる。どんな状況でも望ましい行動と望ましくない行動があることに気づくことがいかに「賢いか」を考えさせる。誰かがある状況で望ましい行動を取ったら、周りの人は、よい、安全だと感じる。逆に望ましくない行動を示したら、人は困惑したり、危険を感じたりする傾向がある。

年齢に合わせて、伝わる表現「いいね」「すばらしい」という言葉を使おう。

レッスン 私たちの行動が周りの人の気持ちに影響を与える[4]

　今度は、子どもたちが望ましい行動をとった時、指導者はより前向きな気持ち（誇りに思う、うれしく思う、など）になることを話そう。また、子どもが望ましくない行動を見せた時には、あなたが困惑した気持ち（心配、安心できないなどの気持ち）になることもはっきり言おう。子どもは、自分が周りの人の考えや気持ちに影響を与えることを意識した時、周りの人がなるべく心地よく感じるよう努力し始める。子どもが情報を理解する際、必ずしもそれに同意しなければならないということではない。

 重要な用語

→ 自分の行動が周りの人の気持ちに影響を与えることができる

このレッスンを授業で取り入れる方法

1. ポスターや絵を使って（ワークシートC「各ゾーンの感情」を印刷するなど）、さまざまな感情があることを示し、子どもが「気持ち」を言葉で示しやすくする。
2. 人は誰もが感情をもっていることについて話し合う。今この瞬間でも、グループの中で子どもたちは、教室や人々、授業についていろいろな反応を示したり、気持ちを抱いたりしていることを説明しよう。
3. 子ども自身、望ましい行動を取っている時、どう感じるか、感情を示す言葉を並べてみる（例：安心、心地よい、幸せ）。
4. 望ましくない行動を取っている時、どう感じるか、感情を示す言葉を並べてみる（例：安心できない、心配、悲しい、混乱する）。
5. 人々の感情は、周りにいる人の感情や行動によって変わることについて話し合おう。
　人の態度が心の状態によって変えられた一節や物語を声に出して読んでみよう。「『Miss Nelson Missing』（1977）日本語版『ネルソンせんせいがきえちゃった！』（2017）」もよい例の一つだ。この本に出てくるネルソン先生は、受けもっている子どもたちの行動でストレスを感じ、魔女に化けて教室に戻ってくる。これによって、子どもたちの行動に影響が現れ、規則に従い始めると、本来のネルソン先生が戻ってくるというお話である。
6. 人の行動が他の人の気持ちにどのような影響を与えるかを示すお話というと、あなたは何を思い浮かべますか？　行動と感情の関係について話し合おう。

4　ウィナー氏の「Think Social（2005）」P.40の内容を許可の下で使用

🛢 ちょっとひと休み

7. 「周りの人の気持ちを変える（影響を及ぼす）ことができる」という考え方を紹介しよう。
　4－7歳の子どもたちには、「あなたはお友だちの気持ちを変えられる」といったわかりやすい説明をしよう。8歳以上の子どもには、「あなたは周りの人の気持ちに影響を与えることができる」といった、より洗練された言い方をしてみよう。
　最近、あなたの反応や気持ちを前向きにしてくれた行動はどのようなものだったか思い出してみよう。人々を困惑させるような行動について話し合う際は一般的な内容に留め、**特定の子どもを名指ししないようにしよう**。
　もちろん、一部の子どもがグループの規律に従わないことや、先生と言い争っている状況が好ましくないことをみんなで話し合うことはよい。望ましい行動をなかなか示すことのできない子どもは、特定の状況において、他の人が望ましい行動を取るべきだといった強い信念をもっていることに気づくだろう。

8. 覚えておこう：グループの中で、特に頑張っている子どもや十分にできない子どもに注目することはよいが、困難を抱える子どもがグループの中できちんとやっていないことを指摘するのはやめよう。恥をかかされた子どもの学ぶ気力が失せてしまう。自分の行動や感情をなかなか調節できない子どもがいるということを覚えていてほしい。

レッスン　よい考え方 と 困った考え方[5]

重要な用語
→ よい考え方
→ 困った考え方

　私たちは、学校やコミュニティーの人たち、また家族に対しても、それぞれちがう考えをもつ。つまりそれは、学校の人たちも私たちに対して、同じように考えることを理解しておかなければならない。たとえそのような人たちと話をしていない時でも！　私たちに対して人々がもっている考えの多くは、中立、もしくは「まあよいだろう」といった感じのものである。
　しかし、時に私たちの誰もが、周りの人たちに、この人は困った考えをもっていると思わせてしまうことはある。特定の状況で、私たちが望まれない行動を取った時、そのようなことが起きる。
　子どもたちに、教室や運動場では友だちにどのような行動を望むか、意見を求めよう。友だちが「よい考え方」をもっていると感じるのはどういう時か？　どうしてそれをよいと思ったか（例：規則にきちんと従っていた、遊具などを一緒に使った、など）？　次に、学校の友だちが「困った考え方」をしていると感じるのはどういう時か？自分たちの周りで起きていることに関

---
[5] ウィナー氏の「Think Social（2005）」P.93の内容を許可の下で使用

して、混乱を招くような行動や言葉には、どのようなものがあるか？ 8歳以上くらいの子どもになら、エレベーターの中で他人に気まずい思いをさせている人々の行動を描いたYouTubeの動画を見せるのもよい（「awkward elevator moments（エレベーター内での気まずい瞬間）」という言葉で検索）。

1日の中でも、時が変われば自分のゾーンも変わること、引き続き、望ましい行動について学習していくよう子どもに指導しよう。

このレッスンを授業で取り入れる方法

1. まず重要なポイントを子どもと一緒に振り返る：私たちの誰もが人の行動を観察するが、学校内外で目にしたある人の行動を基に、それはよい考えか困った考えかを判断する。
2. ある状況で、ある人（たち）の示す行動が、よい、もしくは、まあまあよいと思える場合、見た側はその人（たち）に対してどのような感情を抱くか話し合ってみる。（子どもにはそれがどのような行動だったかを答えさせるが、その行動を取っていた子どもの名前は言わないよう指導する）。次に、困惑するような行動を目にした場合、その状況について説明させてみる。
3. よい考え方と気持ちの関係、またそのことがよい印象をもっている友だちと一緒に勉強したり遊んだりしたいかという判断にどう影響を及ぼすか話し合おう。
4. 今度は、困った考えと気持ちの関係、それが困った考え方をする人と一緒に勉強したり遊んだりしたいかという判断に影響を与えるか、話し合ってみよう。
5. 自分たちの行動が他の人にはいろいろとちがう解釈（よい考え方、困った考え方）をされることについて、言葉で子どもに説明する。そこで、2つのちがう色のアイスキャンディー、クリップ、その他身の回りにある色のついたものを用意しよう。視覚的な補助を使うことで、子どもは学習内容をより理解しやすくなる。
    a. 子どもに、2つのちがう色のついたものを1セットずつ配る（例：グレープ味のアイスキャンディーとオレンジ味のアイスキャンディー）。2つ色がついているものなら何でもよい。ただ、一貫してその色を使うようにしてほしい。
    b. 子どもに透明のコップを1個ずつ配る。指導者自身も1個持っておく。各自、そのコップを自分の前に置く。
    c. アイスキャンディー（またはその他のもの）は、指導者や他の教職員が子どもの態度についてどう思っているかを示す。グレープ味のアイスキャンディーは、あなたが子どもに対して「よい考え方」をしていると思うことを示し、オレンジ味のアイスキャンディー

ちょっとひと休み

　　は子どもが「困った考え方」をもっていると判断した時に使う。

d. 子どもがグループ活動をしている時、きちんとふさわしい行動をとっている場合（例：人が話している時には割り込まない、机の椅子にきちんと座っている、他の人と適切な距離を保っている）その子どものコップにグレープ味のアイスキャンディーを入れる。

e. あなたがグレープ味のアイスキャンディーを入れることで、あえて何も言わなくても、その子どもがよい行動をとったことをあなたが認めていることがわかる。もしその子どもを混乱させないようであれば、あなたが気づいた「子どものよい行動」を折に触れて評価し、もう1本グレープ味のアイスキャンディーをあげるのもよい。新たに見えてきたスキルをしっかり認めることが大切である。

f. 子どもが望まれない行動を示した場合は、オレンジ味のアイスキャンディーをコップに入れる。その行動がなぜあなたを困惑させてしまったか、子どもに言葉で説明しよう。（例：「あなたが自分の頭をどこかに打ちつけたりしたら、周りの人は怖い、安全ではないと感じる」「あなたは、周りの人が悲しいと思うような発言をした」）。オレンジ味のアイスキャンディーをコップに入れる時は、子どもがなぜそれを受け取ったかを理解できるよう、簡潔に説明しよう。

g. オレンジ味のアイスキャンディーだけを1人の子どもにあげ続けることは避ける。オレンジ味のアイスキャンディーをあげる時というのは、一通りグレープ味のアイスキャンディーをもっている状態で、どうしても譲れないといった行動に対してオレンジ味をもらっていることを気づかせよう！　適切な行動がとれず、指導が難しい子どもも含めて、多くの子どもは「グレープ味のアイスキャンディー」をもらえるような行動を示すが、我々の誰もがそうであるように、たまに求められる行動をとることを忘れてしまう。私たちは「オレンジ味のアイスキャンディー」の行動にどうしても注意を向けがちである。授業をうまく進めるためには、「グレープ味」の行動に対して積極的に目を向け、その上で「オレンジ味」の行動を選んで指導する。

　子どもが望まれる行動を示したことを自分で意識できるよう、たくさんグレープ味のアイスキャンディーをあげる機会を作るよう心がけ、「オレンジ味」の行動を可能な限り抑えるよう指導するとよい。

　もしグレープ味のアイスキャンディーを全くもらえない子どもがいたら（自分の行動に対して意識を向けることができないために自分勝手な行動を取り続ける、またはうっかり失言をしないためにはどうすればよいかを理解していないために、つい何でも口走ってしまうなど）、オレンジ味のアイスキャンディーをあげることもやめてみよう！ある状況の中で、きちんと望まれる行

動を示せると判断した子どもにだけ、オレンジ味のアイスキャンディーをあげよう。

　集団生活の中では、私たちが人の考えや感情にどれだけ影響を及ぼすかについて、子どもと話し合う機会をもち続けよう。授業がどんどん進み、より集中できるようになるにつれ、もしかすると全員ではないかもしれないが、多くの子どもが、グループの中では望まれる行動をとるのが好ましいことを理解するだろう。

レッスン3
動画でゾーン

Lesson 3

■ 授業目標
- 子どもがZONESに対する理解を深め、人がどのゾーンにいるか特定することを学ぶ。
- 人の行動は変えることができ、周りの人の気持ちやゾーンに影響を及ぼす可能性のあることを学ぶ。
- 映画やテレビに出ている登場人物のソーシャルスキルを観察し、望ましい行動／望ましくない行動について考える。

■ 用意するもの
☐ DVDやダウンロードした映画や番組を見ることのできるビデオ・DVDプレーヤー接続のテレビやコンピューター。

☐ 登場人物がさまざまな緊張感や感情を示す映画、ホームコメディー、漫画など。おすすめの映画を次に挙げる。

［4-7歳の子ども向け］チャールズ・シュルツの『Charlie Brown（チャーリー・ブラウン）』の映画、ディズニーの映画『Finding Nemo（ファインディング・ニモ）』

［8歳以上の子ども向け］『The Out Siders（アウトサイダー）』（Zoetrope Studios）

指導者自身がよく知っている映画を選ぶことをすすめる。子どもが登場人物の感情や表情などに集中できるよう、日頃子どもが固執しているような映画や番組は避けよう。

不適切な言葉遣いや状況が含まれていないかを確かめるために、前もってすべての映像に目を通しておくことが必須である。

☐ 4色のゾーンカラーを表すアイスキャンディーの棒やカードをそれぞれの子ども分用意する。

✓ あらまし

このレッスンでは、子どもが動画を見ながら、登場人物が示す感情のゾーンが何かを当てる。他の人がどのような気持ちで、どのゾーンにいるかを、より理解するためのスキルを養うことが目的である。

また、子どもだけでなく、誰もがいろいろなゾーンを経験することを理解できるようになるだろう。物事をいろいろな観点で見ることや、望ましい／望ましくない行動とは何かを教えるにあたっては、動画を用いて、登場人物の行動が他からはどのように見えるかを指摘しながら進めていくとよいだろう。子どもにとって、他の人のゾーンを特定する練習は、自分自身のゾーンを特定するのに役立つ。

✓ 準備

さあ、上記の方法を試す時が来たので、子どもと一緒に動画を見る準備をしよう。

- 映画、またはテレビ番組を用意し、子どもに4色の棒やカードを1セットずつ配る。
- 予定を板書する。
  1. 導入
  2. 映画やテレビ番組を鑑賞する（途中何度か一旦停止する）
  3. まとめ

✅ 導入

1. 下記のような質問をして、周りに人がいる時の自分の行動に意識を集中するよう指示する。
「あなたのゾーンが周りにいる人たちにどれだけ影響を及ぼすか、今までに考えてみたことはありますか？」
2. 子どもと一緒に、授業の目標をおさらいする。

✅ アクティビティー

1. 子どもに、これから映画やテレビ番組の一部を見るが、それぞれの登場人物がどのゾーンにいるかを話し合うために、何度も一時停止することを説明する。
2. 動画を再生する。一時停止する度に、子どもにその登場人物がどのゾーンにいると思うか、色のついた棒やカードを挙げさせる。子どもが正しい色を挙げているかを観察しながら、人々がいろいろなゾーンにいることを正しく理解しているかどうかを判断する。子どもの挙げた色が一致しない場合は、なぜその色を選んだのか、みんなでオープンに話し合う。そのやりとりを通して、子どもが自分の選んだ色に対してきちんとした意見を述べているかを見る。子どもの理解度をよく判断し、誤解を取り除く。
3. 適切なタイミングで動画を一時停止し、登場人物の行動について考える機会を与えるために、次のような質問をしてみよう。
   - 登場人物がレッド、イエロー、グリーン、ブルーのゾーンで望まれない行動を示した時、他の人はどんな風に思うでしょうか（「よい考え方」または「困った考え方」）？
   - その登場人物に対して、他の人はどのような反応を示すでしょう？
   - レッド、イエロー、グリーン、ブルーのゾーンにいた登場人物の取った行動は、その状況において「望ましい」行動でしたか？
   - その登場人物が、その人のゾーン内で望ましい行動、または望ましくない行動を取った時、周りの人とうまく関わることができますか？
   - 「望ましくない」行動と、それが周りの人の考え方やゾーンをどのように変えたかを指摘する。

✅ まとめ

　クラスで映画や番組の一部を見終わったら、子どもの理解度を確かめるために次のような質問をし、話し合おう。

- 登場した人たちは、それぞれちがうゾーンにいながら、お互いどのようにして関わっていましたか？
- イエロー、またはレッドのゾーンにいる時や、望ましくない行動を取った時、他の人たちはどう思っていましたか？
- 登場人物がゾーンの中で望ましい行動を取った時、周りの人たちはどう感じていましたか？
- どのゾーンにいる時に、周りの人と一番よい形で関われて、最もうまくいったと感じますか？

　もし子どもが答えない場合は、登場人物たちが自分のゾーンを調節していた時にうまく人と関わっていたのではないかと強調してみよう。登場人物が落ち着いて物事に集中できる状態の時に、よりよい行動が取れることを強調しよう。本人はそのつもりでなくても、その人がレッドゾーンにいたら、周りの人はそれを危険だ、または怖いと思ってしまうかもしれないことを子どもに話そう。望ましい行動が取れるよう、自分のゾーンをコントロールする術を学ぶのに必要なツールや方法をこれから学んでいくことを子どもに伝える。

レッスン4
私の中のゾーン

✅ あらまし

　この授業では、さまざまな場面に出会った時に経験すると思われるゾーンにはどのようなものがあるかを考える。4－7歳の子どもは、どのゾーンかを答える際に、床の上に記されたそのゾーンの枠に向かってジャンプしてみる。8歳以上の子どもは、自分の考えをワークシートに示されたゾーンに記入して答える。どちらの年齢層の子どもたちも、与えられた状況の中で自分がどのゾーンにいるかを特定してワークシートを完成させるが、どのゾーンにいてもよい。この授業は、状況が変わると自分のゾーンがどれだけ変わるかを考えるよいきっかけとなるだろう。内面的にはどのゾーンにいてもよいが、外面的には一般社会で望まれる行動に合わせていくよう自分をコントロールしなければならないことを子どもは学び始める。

✅ 準備

- ワークシートＧ「ゾーンのシナリオ」のワークシートに書かれた場面を切り抜き、くじ引きの容器に入れる。
- 自分のクラスの子どもにふさわしい特定の場面がもしあれば、空いている部分に追加してもよい。そのためにワークシートＧ「ゾーンのシナリオ」のワークシートには空欄を設けている。

〔4－7歳の子ども向け〕

　4色のゾーンを示すツールを床の上に置こう。それぞれの色を四角のスペース内にくっつけて配置し、子どもたち

■ 授業目標

- 子どもが自分のゾーンを特定することを学ぶ。
- 与えられたいろいろな状況の中で、あらゆるゾーンを経験することがいたって自然で当たり前であることを学ぶ。
- 周りで起きていること、誰が自分の周りにいて、どこに位置しているかといった外的な要因が、自分のゾーンにどれだけ影響を及ぼすかについて意識を高める。
- どのようにして自分の行動を環境や状況に合わせて調節し、周りの人に大丈夫だと思ってもらえるかを考える。

■ 用意するもの

- ワークシートＧ「ゾーンのシナリオ」1部
- ワークシートＨ「私はどのゾーンにいる？」を子どもに1部
  このワークシートはジル・カズマ氏の考案による；http://jillkuzma.wordpress.com（英語版）
- 場面設定をくじ引きする際に使う容器（帽子、バケツ、びんなど）
- 4－7歳の子ども向け：4色のゾーンカラーを床の上に示すための教材（フラフープ、目印の板など）

が自由にゾーン間を跳び回れるようにする。
- ワークシートB「ZONESで使われる用語」ですでに説明をしたZONESの用語を復習する。
    - ・望ましい行動と望ましくない行動
    - ・「自分の気持ちは変える・影響を及ぼすことができる」
    - ・よい行動と困った行動
- 予定を板書する。
    1. 導入
    2. 〔4-7歳の子ども向け〕アクティビティー
    3. 「私はどのゾーンにいる？」のワークシート
    4. まとめ

✓ 導入（全年齢層対象）

1. 各ゾーンにいた時にどのような状況だったかを子どもがどの程度わかっているか、尋ねる。

    「今週、あなたがブルー、グリーン、イエロー、レッドのゾーンにいた時のことを話してください」

    指導者の方へ：この質問は一部の子どもにはとても難しいかもしれないので、子どもがもし話そうとしない場合は、無理に答えさせないことをおすすめする。もし特定の状況をあなたがよく理解できない場合は、その子どものゾーンに関して保護者や子どもの関係者に聞いてみよう。

2. このアクティビティーではどのようなことを、どのような目的で行うのか、子どもに説明する。4-7歳の子どもには、床に示されたゾーンを指し、アクティビティーの間、ここを跳び回ってよいことを伝える。4-7歳の子どもには「友だちが何かを貸してくれなくてあなたはとっても腹が立った」とか「ワクワクしすぎて、トラクターのおもちゃを自分の番が来るまで待てなかった」など、より具体的な例を挙げる必要があるだろう。

✓ 年齢層別アクティビティー

1. 用意した容器の中から「シナリオ」のカードを引き、子どもに読んでもらう。

2．1つのシナリオを読んだら、子どもにその場面にいたらどのゾーンに入るかを考えさせる。

〔4－7歳の子ども向け〕

　このアクティビティーは個別、または2人以上のグループで行う。2人以上の子どもと行う場合は、一人ひとり順番に行う。自分の順番が来たら、その子どもはその場面に対する自分の（床に置かれた）ゾーンにジャンプして入る。ワークシートH「私はどのゾーンにいる？」に、子どもの答えを記録する。

〔8歳以上の子ども向け〕

　始める前に、子どもにワークシートH「私はどのゾーンにいる？」を1部ずつ配っておく。子どもには、ゾーンにジャンプして入る代わりに、まずはシナリオのカードを引いて、それをみんなに聞こえるような大きな声で読んでもらう。そして、そのシナリオに対して自分がどのゾーンに入るか、子どもに発表してもらう。それから他の子どもたちの考えを聞きながら話し合いを進める。子どもはワークシートH「私はどのゾーンにいる？」に自分のことを記録する。

3．もしまだであれば、ワークシートH「私はどのゾーンにいる？」を子どもに配り、記入するよう指示する。一人ひとりに記入させてもよいが、グループで架空の誰かを思い浮かべ、その人が与えられた状況下で4つのゾーンのどこに入るかを話し合い、それからみんなで記入してもよい。衝撃的なニュースを聞いた時、緊急事態や災害が起こった時、何か非常に怖いことが起きた時、怪我をした時などは、レッドゾーン

 指導者の方へ

　子どもは、与えられた状況下で、あまり普通ではないゾーンに入ったり、それを選んだりする可能性がある。

　例えば「計画していたことを変更しなければならないと言われた」といった場面に対して、子どもはレッドゾーンにジャンプして入るかもしれない。その場合、子どもがレッドゾーンに値する行動を自分でよく見つめコントロールしなければならないと教えられている一方で、その状況にとても腹を立てていることがあなたにも推測できる。そのような状況でレッドゾーンに入った場合、どのような行動が望ましく、望ましくないかを子どもに尋ねよう（例：休憩する、深呼吸する）。

　そしてその結果、周りの人はその行動を受け入れてくれるか、迷惑だと思うか、子どもに尋ねてみよう。

　ZONESについては、これからさらに学習を続けていくこと、望まれる方法で自分のゾーンをコントロールする方法をこれから学習していくことを子どもに話そう。

　例を挙げる。子どものおもちゃが壊れてしまった場合、子どもは自分がイエロー、またはレッド、ブルーのゾーンにいると特定するだろう。どのゾーンでも「大丈夫」だ。しかし、もしその子どもが壊れたおもちゃを部屋の中で投げたりしたら、周りの人は危険を感じることになるので、それは望まれない行動である。

　ZONESについてさらに学ぶにつれ、安全な方法で自分のゾーンをコントロールする術を見つけ始めるだろう。

　ここに入っては「いけない」というゾーンはないこと、しかしそのゾーンで見せる行動が、与えられた環境やそこにいる人たちに望まれないものになる可能性があることをしっかり教えることが重要である。

に入ることがいたって普通であることをみんなで話し合うのもよい。このワークシートは、宿題として子どもが自宅に持って帰り、保護者と一緒に完成させるという方法もある。4－7歳の子どもは、求められていることを正しく書き記すのに助けが必要かもしれない。

✓ まとめ

このアクティビティーが終了したら、子どもたちの理解度を確かめるために、次のような質問をして話し合いを進めよう。
・グリーン以外のゾーンにいることがいたって普通だという状況はありますか？
・グリーン以外のゾーンにいた時の状況を話してみてください。
・そのゾーンにいる時のあなたの行動は望ましいものでしたか？ それとも望ましくない行動でしたか？ その理由は？

どのゾーンにいてもよいこと、どのゾーンにいても、その時の気持ちを変えるような状況に出くわすであろうことを強調することが大切である。例えば、ブルーゾーン（例：雨の日）、イエローゾーン（例：学校で火災訓練の大きなサイレンが鳴った時）、レッドゾーン（例：自分が大切にしていたものをきょうだいが壊したりなくしたりした時）に入って当然と思うのはどのような時かを話し合おう。

また、あるゾーンにおいてよく見られる行動が、思わぬ状況につながり、周りの人があなたのことを迷惑に思う事態につながることも説明しよう。授業では、子どもだけでなく、大人もあらゆるゾーンを経験することをしっかり伝えよう。子どもが落ち着いて物事に集中できるグリーンゾーンにいても、時にレッドやイエロー、ブルーのゾーンにいると自覚することがあるのは、容易く理解できる。

子どもはどのゾーンにいてもよいが、教室という環境の中で、望ましい行動を取らなければならないことを考える必要がある。いろいろなゾーンにいながら、自分の行動を管理するための術を身につけていかなければならない。周りの人は気づいているのに、子どもたち本人が、あるゾーンの中で混乱を招くような望まれない行動を示しているにもかかわらず、それに気づいていないこともある旨を話そう。

✓ 学んだことを定着させる方法

● 子どもが完成させたワークシートH「私はどのゾーンにいる？」をコピーし、

それぞれの子どもの保護者をはじめとする身近な人と共有する。
- 学校で習ったことを確実にマスターできるよう、自宅でテレビ番組・映画を見る時や本を読む時に、その登場人物がどのゾーンにいて、与えられた状況の中で望ましい行動を取っているか、それとも望ましくない行動を取っているかを子どもに尋ねてもらうよう保護者に頼んでおく。

☑ レッスン4に関する追加のアクティビティー

〔ライト、カメラ、アクション〕

　子どもがゾーンについてより理解できるよう、ビデオカメラを使う方法がある。もし子どもが自分のゾーンを理解できていなかったら、子どもの一コマを録画してみることを勧めてみよう。その際、自分たちの映っている動画の画面をクラスの友だちと一緒に見ることに対して、全員が快諾していることを確かめよう。

　みんなで動画の映像を見て、どのゾーンにいるかについて意見が分かれたら動画を一旦止め、動画に映っている子どもがその時にどのような様子で、どのような気持ちを抱いて見えるか振り返ろう。子どもが周りの人とちがうゾーンにいる時に周りの人がどのような反応を示すかを学ぶ際、動画を用いこの方法は役に立つ。

　それによって、子どものゾーンが周りの人の気持ちを変えたり、気持ちに影響を与えたりすることをしっかり学べる。それぞれ色のちがうアイスキャンディーの棒を使うことで、子どもは自分のみならず、クラスの友だちのゾーンを特定しやすくなる。子どもの理解度を確かめるために、「まとめ」の項で紹介した質問をここでも投げかけてみよう。

追加の
アクティビティー

ライト、カメラ、アクション

　指導者の方へ：上記のように、教育的な目的のために子どもが映っている動画を授業で使うことに関しては、保護者から書面による許可を得ることを忘れないでい

ただきたい。あなたと子どもの信頼関係を保つためにも、子どもを撮影する時は常に許可を得よう。最後に、子どもが自分のゾーンをコントロールできるように、問題のある状況だけでなく、前向きな雰囲気の状況を「たくさん」映像に収めるようにしたい。

■ ワークシート G

■ ワークシート H

レッスン5
ちがう見方を理解する
ある人の行いがどれだけ周りの人の気持ちや考えに影響を及ぼすか

Lesson 5

✅ あらまし

ここでは、大小かかわらずグループの中で人と一緒にいる時、お互いの考えや気持ちがどれだけ影響し合うか、また各個人のゾーンが何であれ、その状況下で示される行動が望ましいか望ましくないかという尺度に基づいた人々の反応や対応についてみんなで話し合う。

8歳以上の子どもがこの点についてより深く学ぶために、感情の連鎖反応（Social Emotional Chain Reaction: SECR）について紹介する。SECRは社会的思考の方法論（Social Thinking® Methodology）の療育構想から出たもので、「周りの人に受け入れられる行動チェック」と呼ばれている。この考え方は、子どもが他人に対してもつ「社会的に望ましい行い」を理解する上で役立つ。ここにはワークシートK「周りの人に受け入れられる行動チェック─10のステップでわかるビジュアルガイド」があり、指導者はワークシートK（記入例）を参考にしながら、内容を簡単にまとめられるようになっている。また子どもは、自分が他人に対して望むものが、実は他人も自分に対して望むものと極めて似ていると気づくようになるだろう。自分を上手にコントロールできるようになるためには、周りの人から望まれることとは何かを理解することを含む。

レッスン5では、周りの人が期待することに気づき、それについて考えることを学ぶ。最終的には、自分自身のことやそれぞれのゾーンで使うツールについてより理解を深めながら、自分たちの行動が周りの人たちによっ

重要な用語

→ 行動する人：各場面で、望ましい行動や望ましくない行動を示す人のこと。
→ 感情の連鎖反応：ある状況下で、周りの人が示す「望ましい、または望ましくない行動」に対して、私たちはそれぞれいろいろな考えや感情をもち、その行動に対して何らかの反応を示すことを意味する。

■ 授業目標

〔4-7歳までの子ども向けの一般的な目標〕
・ある特定の状況において、ある人があるゾーンの中で示す望ましい行動や望ましくない行動について学ぶ。
・他の子どもがあるゾーン内で望ましい行動や望ましくない行動を示した時、自分たちはどのような感情や考えを抱くかについて意識を高める。

〔8歳以上の子ども向けの一般的な目標〕
・感情の連鎖反応について学習し、ワークシートK「周りの人に受け入れられる行動チェック」を使って具体的に確かめてみる。
・ある特定の状況下で、1つのゾーンの中でも、望ましい行動と望ましくない行動があることを学ぶ。
・クラスの友だちがあるゾーンの中で、望ましい行動と望ましくない行動のどちらを示すか、一生懸命に考えている様子を見て、子どもたちは自分の気持ちや考え、反応や言動に対する意識を高める。

■ 用意するもの

〔4-7歳の子ども向け〕
□ ワークシートI「望ましい行動／望ましくない行動について思うこと、感じること」を子どもに1部ずつ、記入例作成用に少し多めの部数を用意する。

〔8歳以上の子ども〕
□ ワークシートK「周りの人に受け入れられる行動チェック」を子どもに1部ずつ
□ ブルー、グリーン、イエローのいずれかのゾーンで起きる状況を例として挙げ、ワークシートK「まわりの人に受け入れられる行動チェック」の記入例を完成させておく。複数の例を用意する場合はK1、K2、K3と区別する。
□ ワークシートK「周りの人に受け入れられる行動チェック」記入例
□ ワークシートJ「感情の連鎖反応」

てどれだけ邪魔をされたり、反応されたりするかがわかるようになることが望まれる。しかし、それを今すぐに教えるようなことはしない。なぜなら、常に望ましい行動を取りたいと思っていても、それは想像以上に大変で難しいからである。このレッスンは、大きな枠組みを教えるための最初の段階である。

注意：自分をコントロールするスキルに差異の見られる子どもは、基本的な共同注意、そして「心の理論」や物事を見通すスキルが明らかに欠けている場合がある。つまりこのような子どもたちは、人が何を考え、どう感じているのか、また自分の行動や態度が他人にどのように思われているかをうまく見通すことができない。もしあなたのクラスの子どもたちが、グループの中で人とうまく関われない、自分に対する意識が極めて限られているようだったら、この項に紹介する授業は飛ばし、本書の最初に紹介したレッスンを重点的に行い、知覚的な発達を促すレッスンや自分を静めるためのツールについて学ぶことに焦点をおこう（レッスン10、11、13、18）。

✓ 準備

〔4-7歳の子ども向け〕
・ワークシートI「望ましい行動／望ましくない行動について思うこと、感じること」を子どもに1部ずつ配る。子どもへの指導用に、1部多めにコピーをしておき、指導者が前もってアクティビティーの内容を記入しておく。

〔8歳以上の子ども向け〕
・「周りの人に受け入れられる行動チェック」のワークシート（ワークシートK）を子どもに1部ずつ用意する。

- 例として使うために、記入済みのワークシートＫ「周りの人に受け入れられる行動チェック」のワークシートを少なくとも１部用意し、区別できるようにしておく。
- ワークシートＪ「感情の連鎖反応」を少なくとも１枚用意する。
- 子どもに指導しやすいよう、実際の授業を始める前に、指導者はワークシートＫ「周りの人に受け入れられる行動チェック」を完成させるための10のステップを予行練習し、ワークシートＫを完成させるにあたっての指示をしっかり反復練習しておく。

● 予定を板書する。
  1．導入
  2．ちがう見方を学ぶアクティビティー
  3．まとめ

✅ 導入（全年齢層対象）

1. ある状況の下で、お互いが見せる望ましい行動や望ましくない行動に対して、皆それぞれの気持ちや考えを抱くことを知り、それについて話し合う。子どもの意識を自分に向けさせ、自分たちがどれだけ他人に影響を及ぼしているか尋ねよう。
   「友だちがあるゾーンで見せた行動によって、周りの人のその子に対する考え方や感じ方にどれだけ影響を及ぼすか、考えたことがありますか？」
2. ８歳以上の子どもに対しては、引き続き次の質問をしてみよう。
   「ある人が見せた望ましい行動や望ましくない行動に対して、周りの人たちは何らかの考えや気持ちを抱きますが、それによってその人たちの反応も変わってきますか？例を挙げて話せますか？」
3. その日のアクティビティーの目標を子どもと一緒に復唱する。

✅ 年齢層別アクティビティー

〔４－７歳向け〕
1. 記入したワークシートＩを子どもと一緒に確認しながら、「一人、または複数の子どもが、ある状況の中で**望ましい行動**を示した場合、それを見ている人たちは普通、肯定的なうれしい感情や考えを抱くこと」について話し合ってみよ

う。
2．もう1枚のワークシートⅠも同様に確認しながら、「1人、または複数の子どもがある状況の中で**望ましくない**行動を示した時、それを見ている人たちは普通、困惑した感情や考えを抱くこと」について話し合おう。
3．子どもたちになじみのある場所（運動場や食堂など）にクラスの子どもを連れて行き、このような場で普段どのようなことが起こり得るか想像させてみよう。そして、ゾーンの中から1つの色を選び、子どもたちがそのような場面で出くわす可能性のある状況について説明させよう（例：食堂でクラスの友だちとお昼を食べる）。その後、子どもはワークシートⅠの一番上にあるゾーンと状況の欄に、その内容をそれぞれ記入する。
4．少なくとも1つのゾーンに関して、みんなで話し合いながら、ワークシートを完成させる。2枚のワークシートには、言葉か絵のどちらで記入してもよい。他の3つのゾーンについても同様の方法を試す。もし十分時間がなかったら、またちがう場所に行って新しいゾーンを選び、望ましい行動や望ましくない行動が周りの人の考えや感情にどれだけ影響を与えるかについて考える。行動そのものを説明するのではなく、そのゾーンにおける状況を説明できるよう指導する。
5．全員の子どもがワークシートⅠの両ページを完成させる。その時、「望ましい

■ ワークシートⅠ 「望ましい行動／望ましくない行動について思うこと、感じること」

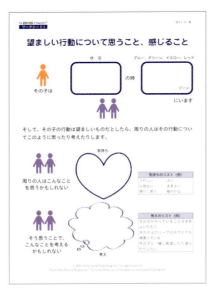
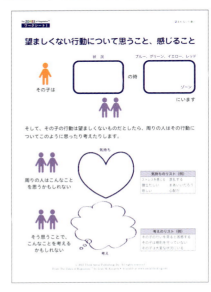

行動について思うこと、感じること」を先に行い、「望ましくない行動」はその後に行う。子どもが望ましくない行動を示している時に周りの人がどう感じるかに焦点を当てる傾向が強い。望ましくない行動にのみ焦点を当てることは避けよう！

〔8歳以上の子ども向け〕

　子どもが、物の見方（考えや感情）と行動の間に常に生まれる関係を理解できるよう、感情の連鎖反応（ワークシートJ）について説明をする。ワークシートK「周りの人に受け入れられる行動チェック」とその記入例を見ながら、感情の連鎖反応について理解を深める。

1. 誰かと一緒に働いたり、学んだり、食事をしたり、遊んだり、生活したりする時、相手の示す行動に対して、こうであってほしいといった期待をお互いに抱くものだ。

    a. ワークシートJ「感情の連鎖反応」とワークシートK「周りの人に受け入れられる行動チェック」を使い、望ましい行動や望ましくない行動によって、私たちの感情や反応、言動がどれだけ左右されるかを学ぶ。ワークシートK、Jをみんなで復習したりする際には、「行動を起こす」役の人が望ましい行動や望ましくない行動を示す。

2. グループの大きさに関わらず、それぞれの相手にどのようであってほしいかを学習するために、各場面における状況と登場人物を、まずは次のような設定で始める。

    ・状況：授業中

■ ワークシートJ 「感情の連鎖反応」

感情の連鎖反応とは、Social Thinking® の療育の枠組みである、周りの人に受け入れられる行動チェックを用いた我々の指導方法である。
くわしくはwww.socialthinking.com（英語版）を参照のこと。

・**登場人物**：指導者と子どもたち

3. 各状況において、さまざまな望ましい行動や望ましくない行動が考えられる。グループでよく話し合い、望ましい行動とは何かを知ることに注力しよう！

    a. 例として、指導者が授業を行っている状況では、指導者の話に静かに耳を傾けることが望まれる。授業を遮るような行動は望まれない。クラスの中では、いろいろな状況が考えられる（例：みんなで話し合う時間、自習時間、グループでの活動時間、始業時間、クラスでの発表、整列など）。

    b. 状況が変わり、今「整列をする」時間になったら、みんな教室の出口に向かってきちんと1列に並ぶことが望ましい行動である。1人でフラッと教室を離れることは望ましくない行動だ。

4. 特定の状況下で、行動を起こす人が見せる、望ましい行動や望ましくない行動に対して、私たちはそれぞれ何か感じたり考えたりする。

5. 私たちは、行動を示した人に対する考えや感情に基づいて、それぞれ反応や言動を返す。

6. 行動を起こす人も、自分の行動に対して周りの人がどう対応したかによって、また考えたり、思ったり、反応したり、言動を返したりする。

7. 行動を起こす人のその後の行動は、その前に周りの人からどのように扱われたかによって変わる。

✅ 周りの人に受け入れられる行動チェックに関するアクティビティー

ワークシートK「周りの人に受け入れられる行動チェック」は、書き込みながら、感情の連鎖反応について学ぶ療育的な枠組みである。

ワークシートKは、まず一番上にその場面（どのような状況で、誰がそこにいたか）の情報を書き込むことから始める。指導者や補助スタッフは、子どもがその場面を特定できるよう手助けをする。状況を決定する際、子どもの感じているゾーンがそれ以降の状況に影響を与える可能性もある。そのような場合、そのゾーンはその状況の一部として見なし、みんなで説明し合おう（どのような経緯でその状況がブルーゾーンになるのか―疲れているから―下校前の算数の授業だから）。

1. 算数の授業中、ブルーゾーン（疲れている）であると記入されたワークシート

K〈記入例〉を確認しよう。

a. 子どもたちにこの情報を説明する前に、この「周りの人に受け入れられる行動チェック」の例にまず目を通そう。それぞれの項目には番号が1から10まで記されていることを伝える。

b. また、ワークシートKの記入順についても子どもと確認をしよう。

2. ワークシートK「周りの人に受け入れられる行動チェック」の記入方法は、ワークシートK〈記入例〉に載っている。

a. ワークシートKの中にある9つのステップに従って、すべての欄を埋める。10番目のステップは、各項目の欄内に書かれた言葉の中の最も当てはまるもの1つに丸をつけることによって、望ましい行動や望ましくない行動について具体的な方針を立てるためのものである。子どもが状況に応じたふさわしい行動を徐々に理解できるようになるにつれ、これらのステップを説明し、ワークシートKを子どもが自分で記入できるよう指導していく。

b. ワークシートKを記入するにあたって、特定のルールがある。

- 1行目：状況記入欄に行動は書かない。
  ・状況欄に「子どもが大声で叫んだ」「勉強するのを拒んだ」「クラスを逃げ出した」などという内容は書かないようにしよう。
- 1行目：状況欄には、前後の背景を関係づけ、その状況で感じているゾー

■ ワークシートK 「周りの人に受け入れられる行動チェック」

〈記入例〉

Chapter3 スタート!!!　73

ンを含めて記入しておこう。
    ・状況欄には常に関連する状況（算数の授業中、自習する、整列するなど）を書き記す。
    ・状況欄には、その時に子どもが感じているゾーンも書いておく（例：子どもが遠足に向けて学校を出発する時はイエローゾーン、算数の授業中はブルーゾーン）
  ● ワークシートKの2つめのステップに進むにあたって、その状況における望ましくない行動について特定しよう。
    ・なぜなら、人間というものは、同じ状況下で誰かがよい行いをしたことを話すよりも、間違った行いについて話す方がはるかに上手で迅速であるからだ。
  ● ステップ3：望ましい行動について考える。先ほどの望ましくない行動とは反対の望ましい行動について子どもに考えさせる。また、その状況の一部として子どもが特に何かのゾーンにいると感じている場合は、望ましい行動を示すのに手助けとなるツール、方法について子どもに考えさせる（算数の授業中はブルーゾーン）。自分のゾーンをコントロールするツールについては、Chapter 4で紹介する。
3．指導者がワークシートKの書式やルールに慣れてきたら、算数の授業中に経験したブルーゾーン（疲れている）と書かれたワークシートの各項目を順に追っていこう。無数のケースがある中、1つの例をしっかり学習することによって、周りの人に受け入れられる行動チェックに対する理解を学校、自宅、地域などでも適用できるようになる。
4．ワークシートKを、指導者の下で、子どもに作らせてみる。
    a．子どもにワークシートKを初めて自分で記入させる場合、まずはグループで特定の状況下におけるお互いが望む行動について考えさせてみよう。特定の子どもの行動を取り上げることはやめよう。そのことで、その子どもは困惑したり、恥をかいたりし、コントロール不可能な状態に陥ってしまう可能性がある。もしクラスの子どもが特定の誰かを名指ししたりからかったりした場合、または指導者もその子どもの行動に手を焼いている場合は、周りの人に受け入れられる行動チェックを学ぶ時、最初にこのクラスで何が起きているかを話題にすることはやめよう。教室以外の別の場所で起きている状況を選ぶことをすすめる。状況を選ぶのに、YouTubeの動画や映画を利用し、そのシーンで登場人物に求められるものについて考え、

ワークシートを完成させていこう。
　b．特定の状況下で、その行動が望ましいものか望ましくないものかを子どもが考え、意見を出し合うよう促す。
　c．グループでワークシートKに記入し、感情の連鎖反応について学びながら、各ステップに書かれた内容をじっくり考える。教材として、10のステップビジュアルガイドを活用すると便利だ。
5．校内や教室内で見た状況に関して、子どもはそれぞれのワークシートKを完成させる（例：食堂で順番の列に並んでいる時など）。
　a．ワークシートKを子どもに配り、それをグループで一緒に記入させよう（もし可能であれば、子どもが自分で記入）。特定の子どもに焦点を当てて話し合うことは避ける。ステップ1の状況と登場人物の欄は、常に一般的な人々の場面を想定し、決して個人を特定しないようにする。

　このレッスンの内容は、ミッシェル・ガルシア・ウィナー氏に教示していただいた。ZONESの本で紹介する周りの人に受け入れられる行動チェックに関する説明や画像の使用に関しては、Think Social Publishing. Inc.（Think Social出版）の許可を得ている。

指導者の方へ

　「周りの人に受け入れられる行動チェック」は、その図に示されたそれぞれの項目にいろいろな言葉や絵を加えながら、感情の連鎖反応について理解できるように工夫された教材である。このワークシートKは、子どもが長い文章を書かなくてよいように作られている。
　ワークシートK「周りの人に受け入れられる行動チェック」を使って、ただ単に同じ教室で過ごしているような状況の中でも、我々の行いが周りの人の考えや感情に影響を与えることを積極的に話し合おう。グループの1人がワークシートの9つの項目を記入している間、他の子どもはその内容を声に出して確認するのもよい。

✅ まとめ

ワークシートKを記入し終えたら、次のような質問をしながら、みんなで話し合ってみよう。

〔4－7歳の子ども向け〕
・友だちが望ましい行動、または望ましくない行動を示した時、みんなはそれぞれ思ったり感じたりすることがあると思います。それによってその友だちと一緒に遊びた

いかどうか、気持ちが変わりますか？

　それぞれの子どもが望ましい行動を示すことによって、グループのみんなが穏やかでいられ、友だちに対してよい印象や感情を抱くことに繋がり、一緒に勉強したり遊んだりしやすくなるということを、子ども一人ひとりが意識できるよう話し合いを重ねていこう。

〔8歳以上の子ども向け〕
・感情の連鎖反応は、人のいる場所が学校、家、地域など、どこにいるかによってちがってきますか？
・我々誰もがそうであるように、みんなもたとえ100％の結果が出せないとしても、それぞれのゾーンで望ましい行動を取ろうとしている時に、自分の行動を観察することがなぜ大切なのでしょう？

　誰もがすべてのゾーンを経験することを子どもにしっかり理解してもらおう。その時のゾーンや状況に応じて、他のゾーンに移ることを考えるより、望ましい行動をとることの方が容易である。これは大人ですら、引き続き努力を要することだ。自分のいるゾーンと自分の気持ちに気づくことで、その状況下で望ましい行動をもって対応することがだんだんできるようになってくる。しかし、これは常に決して簡単なことではなく、時間と練習を必要とする。授業を進めていくにつれ、どのゾーンにいるかに気づき、そのゾーンの中でどのようにして自分の気持ちをコントロールするかの方法を学んでいくこと、それによってそれぞれの状況で望ましい行動をうまく示せるようになることを子どもに話そう。

✓ 学んだことを定着させる方法

　子どもがあるゾーンの中で望ましい行動を示すことができたら、そのことを認めて誉めよう。例えば、「PJ君、君は今ブルーのゾーンにいるかもしれないけど、授業に集中しようと一生懸命に努力しているところが先生はすばらしいと思うよ」といった風に。

　子どもが、これまでに述べた方法を使って、自分や周りの人の物の見方に意識を向けられるようになってきたら、もし年齢的に十分理解できるようであれば、感情

の連鎖反応に対する気づきを、今後の新しい経験や状況に生かせるよう教えていこう。子どもにはこれから起こる状況をじっくり説明し、その状況ではどのゾーンに入る可能性があるかを子どもに考えさせ、そこでの望ましい行動とはどのようなものか、私たちの行動が周りの人にどのような影響を与えるかについて意見を出し合おう。そうすることで、子どもは、これから出会う状況についてより理解を深め、自分の行動をふさわしい行動に調節できるようになり、慣れていない状況に出くわしても不安を軽減できるようになる。

✅ レッスン5に関する追加のアクティビティー

〔物の見方・ゾーンを漫画化する〕

- 子どもが、あるゾーンの中で望ましい行動や望ましくない行動をとった時の場面を漫画にして、話し合いを深めよう。漫画を作成するアプリケーションや巻末「おすすめの情報」に記したキャロル・グレイのコミックストリップ会話などを使い、その行動を漫画仕立てにすることにより、子どもは漫画の吹き出しを見ながら友だちや先生の考え方を目で確認することができる。子どもに、自分で漫画を描きたいか、先生に描いてほしいか、選ばせよう。
- ミッシェル・ガルシア・ウィナーの著書「Think Social! And Thinking About YOU Thinking About ME（社会的に物事を考えよう！ そして私のことを考えるあなたのことを考える）」（第2版）には、相手の立場になって物事を考えることについての情報や教え方が紹介されている。

レッスン6
私のゾーン

Lesson 6

✅ あらまし

ここでは、子どもがそれぞれのゾーンにいる時の自分の様子を絵に書いたり写真に撮ったりする。そうすることで、子どもは自分の身体上に現れる兆候に目を向け、どのゾーンにいるかに気づくことができる。そして、自分のゾーンに対する意識を高め、自分をコントロールしにくくなってきたことに、より早く気づくことができるだろう。中には「グリーンゾーンからいきなりレッドゾーンに」変わったと言う子どもがいるかもしれない。子どもは、自分がイエローゾーンの時にはどんな感じかを理解することに時間を費やし、自分の感情が高まっていく時の兆候により気づくようになることがとても重要である。

■ 授業目標
- 子どもは、各ゾーンにいる時の自分の様子（身体の兆候や反応）に対する意識を深める
- 子どもは、自分がどこのゾーンにいるかを特定する能力を伸ばす

■ 用意するもの
- □ ワークシートL「私のゾーン」を子どもに1部ずつ
- □ マジックペン、クレヨン、または色えんぴつ（任意）
- □ デジタルカメラとプリンター関連機器（コンピューター、プリンター、用紙）（任意）
- □ のりとセロテープ
- □ 細字の油性ペン（もし写真を使う場合）

✅ 準備

- ホッチキスで留めた（ワークシートL〈使い方〉以外）ワークシートL「私のゾーン」を子どもに配る。
- ワークシートL〈使い方〉を切り取り、ワークシートL「私のゾーン」の同じ色の枠の中に貼り付ける。これは子どもがそれぞれのゾーンに使えるツールを視覚的に思い出す助けとなる（レッスン12で紹介）。これは子どもがそれぞれ作る。完成したこの視覚的補助は、子どもがサンプルとして使える。
- それぞれの絵に関して子どもたちに考えてほしい質問を黒板に書き出す。
  - あなたの筋肉はリラックスしていますか？それとも緊張していますか？
  - あなたの呼吸は早いですか？　ゆっくりですか？
  - あなたの心臓の動きは早いですか？　ゆっくりですか？
  - あなたの頭は集中していますか？　それとも散漫な

状態ですか？
- あなたの顔はどんな形相ですか？
- 今どのような言葉を言おうとしていますか？ 声の音量は？
- 次のような状態が見られますか？：頬が赤らんでいる、いろいろな思いがけ巡っている、そわそわする、またはじっと座っていられない、座り込んでいる、頭をうなだれている、●●に対してより敏感である、口を尖らせている、眉をひそめている、など。

● 予定を板書する。
　1．導入
　2．各ゾーンの中にいる時の自分の顔を描く。または、写真を撮る。
　3．各ゾーンにいる時の身体の反応を書き出す。
　4．まとめ

✓ 導入

1．子どもたちは次の質問について話し合う。
　「自分がどのゾーンにいるか気づくのに役立つ身体の兆候には、どのようなものがありますか？」
　いろいろな身体の兆候を話し合い、黒板に書き出し、もし可能であればその様子を真似る。子どもに、その中のどれを実際に経験したことがあるかを考え、想像させる。各ゾーンでは、一人ひとりの子どもがちがう様子を示すことや、感情によってさまざまな兆候が出ることを強調する。
2．この授業では、各ゾーンにいる時の自分の顔を描いたり、またはその写真を撮ったりすることを子どもに説明する。この授業の目的をみんなでおさらいする。

✓ アクティビティー

1．子どもに、各ゾーンにいる時の自分の様子を描いてもらうか、その時の振る舞いを写真に撮ってもらう。もしクラスに2つ以上のカメラがあるのなら、各ゾーンでの様子を子どもがお互いに写真を撮り合う。絵を描くのが苦手な子どもにとっては、カメラで写真を撮るのもよいかもしれない。あとでゾーン別に自分の身体

指導者の方へ

　もし写真を撮るのであれば、写真を印刷する間の時間をどう使うか考えておこう。または、写真を印刷する時間を取るために、授業を2回に分けてもよい。

がどのような反応を示すか振り返る時間があることを子どもに伝える。
2．子どもに、そのゾーンで現れる自分の身体の兆候をそれぞれの絵の横に書かせる。（写真の場合は、写真の上に、細字の油性ペンで書き込む。書きながら演技をしてみる方が子どもたちにとってはわかりやすく、またそれが必要であることに気づくだろう。）
3．子どもの描いた絵やそこに書かれた兆候を観察することによって、子どもが自分の身体の兆候を認識する能力がどのくらいあるか評価することができる。子どもが示す兆候は、各ゾーンにおける彼らの偽りのない特性であることを理解しておこう。

✅ まとめ

　子どもの洞察力を深めるために、子どもの1人が描いた絵をみんなで共有しよう。その子どもがそのゾーンでどのような状態であるか描いたものを見ながら、あなたがその子どもを観察した結果と矛盾していないか確かめよう。もし子どもたちがゾーンを有意義に応用できるのであれば、次のような質問をしよう。
　・いろいろなゾーンにいる時の身体の兆候に気づく方法を知っていたら、どのように役立ちますか？
　・あなたがどのゾーンにいるかを周りに人に教えることはどうして役に立つのでしょう？

　身体の兆候を読むことによって、子どもは自分のことをよく理解でき、自分をコントロールする必要があるかどうか見極めることができるといった内容を、例を挙げて説明する。子どもたちが、ブルー、グリーン、イエロー、レッドのゾーンにいることを自分で気づくことができたら、自分の身体の兆候に対して反応したり、この先の方向を変更したりすることができる（自分の行動を自分でコントロールする）。相手のゾーンによって、相手との関わり方を、私たちはどのように調節することができるかしっかり説明しよう。このことをよく理解してもらうために、次のような言葉で説明してみるのもよい。

　あなたがレッドゾーンにいることを私がもし知っていたら、あなたの様子が静まるまで、私はあなたとの距離を置くでしょう。もしイエローゾーンにいることに気づいたら、私はあなたを助けようとするし、あなたの気持ちを昂らせたりしないように気をつけるでしょう。あなたがもしブルーゾーンだったら、あなたがどうして

授業にあまり参加していなかったのか理解するだろうし、あなたの気分が上がるような方法を見つけてあげられるかもしれません。もしあなたがグリーンゾーンにいたら、あなたは授業や話し合いに積極的に参加し、しっかり学ぶ準備ができていると思います。

　子どもが自分で完成させたワークシートL「私のゾーン」をZONESファイルに保管しておくよう指導しよう。

☑ 学んだことを定着させる方法

- いろいろな状況や場面において、どのゾーンにいるか子どもに尋ねてみる。
- ワークシートL「私のゾーン」を子どもの保護者や身近な人たちに共有するよう子どもにすすめよう。
- しばらく時間をおいてから、子どもが各ゾーンで描いた内容をもう一度見て、何か付け足したいことがないか考えさせよう。

☑ レッスン6に関する追加の　アクティビティー

　子どもの洞察レベルにもよるが、身体に現れる兆候に関して直接感想を述べるとわかりやすいだろう。子どもの許可を得た上で、各ゾーンにおける様子の動画を撮り、それについて感想を述べてみるのもよい。

■ ワークシート L

表紙

Part 2 実践編

レッスン7
私はどんな気持ち？

Lesson 7

✓ あらまし

　このレッスンでは、いろいろな対話を含む本の中から1つの感情を取り上げ、4つの中でどのゾーンに分類されるかを考える。これにより、子どもは、感情に関する興味をさらにもち、場面がちがうと、引き起こされる感情も変わることを認識するようになる。自分はいつもグリーンゾーンにいると言う子どももいる。ここでの学習を通して、状況によって私たちの感情は変化し、ゾーンの色も変わることを理解するようになる。このレッスンは、子どもと一対一で、さまざまな状況に応じたその子どもの反応を見ながら行うと効果的である。

✓ 準備

- 適切な本を用意し、表紙にナイロンのマジックテープ（Velcro®）をつけた絵をすべて貼り付ける。4色の画用紙をゾーンごとに順番に並べる。
- 予定を板書する。
  1. 導入
  2. 本を使ったアクティビティー
  3. まとめ

✓ 導入

1. 日常生活の中で、私たちのゾーンに影響を及ぼすようないろいろなことが起きることを子どもに説明し、子どもが理解できそうな例を用いる。

■ 授業目標
- 子どもは、状況によって自分たちの気持ちに変化が生まれることを理解する。
- 子どもが、自分の気持ちを言葉で表す力を伸ばす。
- 子どもは、自分の感情をゾーンに分類し、各ゾーンの意味を理解する。

■ 用意するもの
〔4-7歳の子ども向け〕
☐ ジョアン・グリーン『How Do I Feel? An Interactive Reading Book of Emotions（私はどんな気持ち？ 気持ちを学ぶ対話型の本）』（巻末「おすすめの情報」を参照のこと）
〔8歳以上の子ども向け〕
☐ ジョアン・グリーン『I Have Feelings, Too！An Incractive Reading Book of Emotions for Teens（私には感情がある！感情について学ぶ青少年や大人のための対話型書籍）』（巻末「おすすめの情報」を参照のこと）

 指導者の方へ：この本に紹介されている挿絵は、高学年の子どもにとって少し幼稚に思えるかもしれない。

☐ ゾーンカラーの画用紙を1枚ずつ

ある子どもが、最初グリーンゾーンにいるようだったが、他の子どもがその子どもにぶつかってきた時、その子どもは憤慨してイエローゾーンに変わった。誰かがぶつかったといったほんの小さなできごとによって、一瞬にしてあなたのゾーンは変わるのです。

このようなゾーンの変化が起こりうる例を子どもに考えさせてみよう。

2．このレッスンで取り入れるアクティビティーと、その目標を子どもに説明する。

✅ アクティビティー

1．「How Do I Feel ?」または「I Have Feelings. Too !」の本を使って、いろいろな感情やゾーンについて学習することを子どもに話す。

2．まずは本に紹介されている絵を、4つのゾーンを示す色画用紙の上に分類する（図4）。子どもがこれに取り組んでいる間、絵をゾーンに分類している様子を観察しながら、ゾーンやさまざまな感情について、どの程度理解しているかを判断する。

3．子どもがこの課題を終えたら、本の各ページに書かれたセリフを子どもに読ませる。各セリフを読んだ後、子どもがどのゾーンを選んだかを発表させる。

4．子どもが選んだゾーンから、そのセリフの状況に合う感情の絵を選択させ、マジックテープで本の該当するページに貼り、文章を完成させる。これにより、子どもが、気持ちを表す言葉を正しい意味で使えているかどうかをさらに確認することができる。

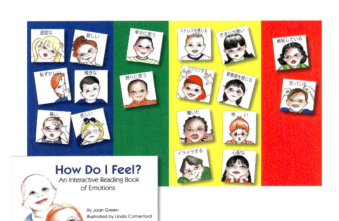

図4）

ジョアン・グリーン著、リンダ・カマーフォードのイラストによる『How Do I Feel? An Interactive Reading Book for Emotions』（私はどんな気持ち？ 気持ちを学ぶ対話型の本）(2006) に紹介されている図柄を使用するにあたっては、ジョアン・グリーン氏の許可を得ている。

グリーンハウス出版：
www.greenhousepub.com（英語版）

✅ このレッスンの取り入れ方

　もし本を読めない子どもがいる場合は、大きな声で代読する。もし集中力のない子どもがいる場合は、絵を分類した後や何ページか読んだ後に短い休憩時間を入れる。

✅ まとめ

　自分のゾーンが変わるような状況の例を子どもに挙げさせてみよう。授業で学んだことを、どれだけきちんと応用できているかを判断する材料になる。何かが起きた時、いかに早くゾーンが変わってしまうかを再度説明しよう。ともあれ、自分のゾーンがブルー、イエロー、レッドのいずれかであることを周りの人に知らせただけで、周囲の理解をより得られるであろう。子どもがもし何か特定の事がらによってイエローやレッドのゾーンに入ってしまうことを打ち明けた場合は、その状況をなるべく避けられる配慮をし、子どもがそれらのゾーンに入る頻度を少なくしよう。

✅ 学んだことを定着させる方法

　保護者にこの学習のねらいを説明し、自宅や地域で子どものゾーンに影響を与えそうな状況を子ども自身が把握できるようになるよう協力を求めておく（この内容は、レッスン9「気をつけろ！そこにトリガーがある！」で学習）。これは学校でも行える。

✅ レッスン7に関する追加のアクティビティー

〔ワークシートM「ゾーン慣用句」〕

　ワークシートMに書かれた慣用句を読み上げたり、慣用句の書かれた単語カードを作ったりしよう。そして、子どもにその慣用句から推測できる気持ちやゾーンを当てさせる。各

追加の
アクティビティー

ゾーンの慣用句や
表現

表現について説明し、そのような気持ちになるのはどのような場合かを子どもに答えさせる。このアクティビティーは、子どもをいくつかのグループに分け、慣用句の意味やゾーンを当てさせるといったゲーム形式で行うのもよい。

■ ワークシートM 「ゾーン慣用句」

ゾーン 慣用句

ブルーゾーン
- しょげている
- 心が沈む
- 浮かない顔
- ブルーな気分
- 体調がパッとしない

グリーンゾーン
- ウキウキした気持ち
- 有頂天
- 世界の頂点にいるような気分
- 最高に幸せ
- 冷静沈着
- すごくうれしい
- 涼しげな気分
- 何でもOKの気分

イエローゾーン
- 緊張している
- 途方に暮れた状態
- お腹のあたりがソワソワする
- 虫の居どころが悪い
- けんか腰の状態
- 心がザワザワする
- 力尽きた感じ
- ギリギリの状態
- ソワソワする
- 場ちがいな気持ち

レッドゾーン
- 冷静さを失った状態
- 沸騰寸前
- うっぷんのたまった状態
- 爆発寸前
- 激怒している
- 我を忘れた状態
- 頭がおかしくなる状態
- めちゃくちゃな状態
- 心が壊れた状態
- 大興奮の状態
- 天にも昇る心地
- うれしさのあまり飛び跳ねる状態

© 2011 Think Social Publishing, Inc. All rights reserved.
From The Zones of Regulation™ by Leah M. Kuypers • Available at www.socialthinking.com

レッスン8
1日の私のゾーン

Lesson 8

✅ あらまし

　ここでは、1日の中でゾーンがどのように変化していくかをグラフに表す。それによって、子どもはその移り変わりが自分の1日にどのような影響を与えるか理解するようになる。実際にいろいろなゾーンでどれだけの時間を過ごしているかを見て、子どもは驚くかもしれない。

　その時何を思っていたかの吹き出しをグラフの中に貼っていくこのアクティビティーは、自分のいるゾーンが周りの人の考えや感情にどれだけ影響を及ぼすかを子どもが理解するのに、より役立つだろう。

　またこのアクティビティーによって、子どもはとてもうまく行った日のこと、そしてその日が自分のゾーンによってどのように影響を受けたかなどを振り返るのにも役立つ。さらには、ゾーンに変化を与えるトリガーとなるできごとへの理解を深め、今後起こることに対してもより意識を高め、備えることができるようになる。このアクティビティーは、自分の1日を広い範囲で振り返ることのできる1日の終わりごろに行うのが最も望ましい（図5）。

✅ 準備

- ワークシートN「1日の私のゾーン」を拡大したものを板書するか、映し出す。グラフの下の部分に、1日の予定を書き込む（例：登校の準備をする、車に乗って学校に行く、朝礼、国語、算数、休み時間、など）。
- それぞれの子ども用のワークシートN「1日の私のゾー

■ 授業目標
・子どもは、1日を通してゾーンが変化することを知る。
・子どもは、自分のゾーンに影響を及ぼすトリガーについて、意識を高める。
・子どもは、その時のゾーンは予期できたかどうか、またそれが周りの人にどう影響を及ぼしたかについて考える。

■ 用意するもの
□ワークシートN「1日の私のゾーン」のコピーを子どもに1部
□ワークシートO「考えを表す吹き出し」のコピーを6人の子どもに対して1部
□4色のゾーンカラーのクレヨン、または色えんぴつ、マジックペンを子どもに1セット
□4色のゾーンカラーの黒板用チョーク

- ン」をコピーする。
- ワークシートO「考えを表す吹き出し」をコピーし、吹き出しを切り取る。
- 予定を板書する。
    1．導入
    2．グラフの下の部分に予定を書く。
    3．その日起きたそれぞれのできごとの中に点を書き込む。
    4．その点を結んで線にする。
    5．その時に考えていたことを吹き出しに書いて、のりで貼る。
    6．まとめ

✅ 導入

1．子どもに次のような質問をする。
「1日の中で、どのくらい自分のゾーンが変わると思いますか？」
2．子どもに、この質問の答えを出すためのアクティビティーを始めることを伝え、このレッスンの目標を一緒に確認する。

✅ アクティビティー

1．子どもに、1日を通して変化したゾーンをグラフに示すことを説明する（もしこのレッスンが一日の早い時間に行われるのであれば、前日のことを振り返ろう）。黒板の上に貼られた大きなサイズのワークシートを使って説明しながら、どのような手順で進んでいくか子どもに話す。すべて終わったら、図5のようなものができあがる。
2．子どもに、ワークシートの上の部分に、名前と日付を書くよう指示する。
3．もしワークシートのコピーがカラー印刷でなければ、ワークシート左側にあるゾーンの名前の部分を各色で塗るよう指示する。
4．子どもの1日を振り返らせ、グラフの下の部分にどのようなことがあったかを時系列に書かせる。例えば、子どもが朝起きた時から始め、家を出る、そしてその日に行ったそれぞれの場所を書き出してみる（ホームルーム、算数の授業、理科の授業、給食など）。図5を参考にしよう。
5．子どもはその日のできごとを振り返り、その時々に自分がどのゾーンにいたかを思い出し、グラフの中に点を書き込む。

図5）「1日の私のゾーン」記入例

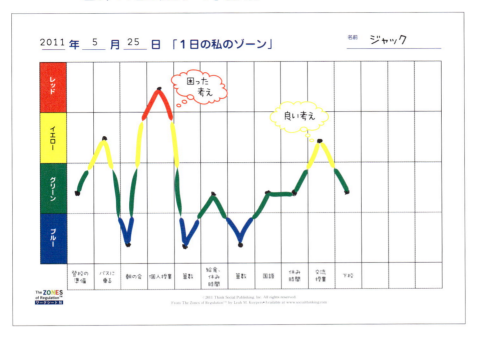

6．色のついた筆記用具で点を結び、棒グラフにする。グラフの左側に書かれたゾーンの色を参考にして、グラフの線をどの色にするか決める。もしその日ブルーゾーンで1日が始まり、次の行動でグリーンゾーンに変わったとしたら、ブルーゾーンにいる間の線はブルーの筆記用具で描き、ブルーゾーンが終わったところから次の活動の色が始まるところまでの間をグリーンの線で描く。図5の例を参考にしよう。

7．それぞれの活動において、期待された方法かどうかに関わらず、自分のゾーンをコントロールできたかどうかを、望ましい行動を示したか、望ましくない行動を示したかといった言葉を使って、子どもと話し合う。いくつかの状況を選び、子どもはその時点で思っていたことを吹き出しに書いて、グラフにのりで貼り付ける。そして、その時点でその子どもに対して感じていたであろうことをみんなで話し合う。

✓ このレッスンの取り入れ方

● もし書き写すのが苦手な子どもがいる場合は、グラフの下の部分にその子どものスケジュールを指導者があらかじめ書き込んでおくとよい。もしグラフを書

くことに慣れていない場合は、より細かい指導が必要となる。
- １日のできごとに対して自分がどのように感じていたかを覚えておくことができない子どもには、自分の行動記録を利用したり、１日の行動、その翌日の行動を振り返る癖をつけたりするよう声かけをし、それぞれの活動の時にどのゾーンにいたかを記録させるよう指導する。

✅ まとめ

子どもは、自分のゾーンをグラフに表したワークシートをクラスの友だちに見せ、１日の中でいくつのゾーンを経験したかを発表する。子どもたちに次のような質問をし、子どもが自分の行動をどれだけ理解しているか確認しよう。
・１日を振り返ってどう思いますか？
・何か変えてみたい部分はありますか？
・ゾーンが変わるきっかけとなるできごとや状況は何でしたか？

１日の中でゾーンが変化することはいたって普通であることを説明しよう。もし頻繁にレッドゾーンにいる、イエローゾーンやブルーゾーンに留まったままでいることが多いという場合は、自分のゾーンをコントロールするためのツールを身につける必要があるだろう。そのようなツールを使うことで、自分のゾーンを調節したり変えたりできるようになり、自分をよりうまくコントロールできるようになる。子どもには、各自のZONESファイルにワークシートＮ「１日の私のゾーン」をいつも入れておくよう指導する。

✅ 学んだことを定着させる方法

ワークシートのコピーを子どもの自宅に持ち帰らせて、その子どもの１日に関する情報を保護者と共有することで、保護者と子どもが学校でのできごとについて話し合うよいきっかけができる。保護者が子どもに「学校はどうだった？」と聞き、子どもは「別にー。よかったよー」と答えて会話が終了することが多い。１日のゾーンの変動をグラフで見ることによって、保護者は子どもに「交流授業はうまく行ったみたいね。その時、どうやってイエローゾーンにいる状態を調節したの？」と尋ねることができるし、「算数の時、レッドゾーンにいたようだけど、どうしたの？」と言って、難しい状況を解決するツールを一緒に考えることもできる。

ワークシートN「１日の私のゾーン」は、自分のゾーンが１日の中でどれだけ変化するか（自己コントロール）をより理解するために、毎日続けて使える教材である。このワークシートを振り返ることで、どのようにしたら自分のゾーンの変動がよい方向に向かうかといった大きなイメージを掴むことができる。各授業の後、自分のゾーンは何なのかを自ら振り返ったり、１日の終わりにこのワークシートを完成させたりするとよい。これは自己評価のワークシートなので、子どもはすぐに自分の行動を振り返ることができ、自分のゾーンをコントロールする必要のある時はいつなのか、より意識を向け始めるだろう。

　ワークシートN「１日の私のゾーン」は、子どもが自分の行動を振り返るための、通常のアセスメント用紙の代わりとして用いることもできる。

✓ レッスン８に関する追加のアクティビティー

　自己調節を身につけるツールについて述べるChapter 4のレッスンを受けている時に、子どもが自分をコントロールする力が上達しているかどうかを判断するためにワークシートN「１日の私のゾーン」を使うとよい。そこに示されるグラフの線そのものではなく、子どもが望ましい行動でゾーンを調節する回数がより多くなることによって、その上達度がわかる。

■ ワークシートN「１日の私のゾーン」

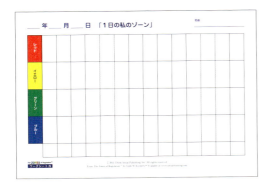

■ ワークシートO「考えを表す吹き出し」

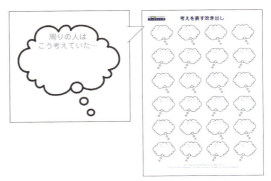

レッスン9
気をつけろ！そこにトリガーがある

Lesson 9

✓ あらまし

　このレッスンでは、どのようなできごとやトリガーが子どもをイエロー、ブルー、レッドのゾーンに導くのか考える。そして、ペアを組んだ友だちと一緒に、そのトリガーについて意見を交換し、それぞれのワークシートを完成させる。子どもが自分でトリガーを特定することができたら、自分が注意しなければならないことにより注意を向けるようになり、次に起こりそうなことに、より備えることができる。このような訓練によって、問題解決方法を考えたり、対処方法を試したりする余裕が出る。

　指導者の方へ：子どもが自分のトリガーを特定できたら、身近にいる大人は、そのトリガーに対してどのように自分をコントロールできるかを責任もって教えよう。そのトリガーが起こる前に子どもの心を準備させておくこともその１つである（例：子どもが大きな音がトリガーだと言っているのであれば、避難訓練の予定を前もって知らせる）。もし可能であれば、そのトリガーを取り除くことも考えよう（例：もしにおいに敏感な子どもがいたら、指導者は香水をつけない。算数が不得意な子どもがいたら、課題や宿題に工夫を加える）。

■ 授業目標
- もし自分でトリガーやゾーンをコントロールできたら、物事がよりうまくいくことを、子ども自身が理解する。
- 子ども自身が、ブルー、イエロー、レッドのゾーンに入るきっかけを認識する。
- トリガーをコントロールするための解決方法を学ぶ。

■ 用意するもの
- □ 黄色の画用紙、またはワークシートＰ「トリガー」を子どもに１枚ずつ
- □ もしワークシートを使う場合は、黄色のマーカー、またはクレヨン、色えんぴつ
- □ もし色画用紙を使う場合は、黒のマジックペン
- □ 筆記用具

✓ 準備

- 子どもたちの参考になるよう、あなた自身のトリガーについて記したワークシートを完成させておく。
- ワークシートＰ「トリガー」を子どもに配る。別の方法として、それぞれの子どもが黄色の画用紙を正方形に切り取り、ダイヤモンドのように上下左右に角が向くように置き、黒のマジックで真ん中に「注意！そこにトリガーがある」と記入したものを使ってもよい。

● 予定を板書する。
  1．導入
  2．自分のトリガーについて考える。
  3．友だちとペアを組み、トリガーについて話し合う。
  4．「注意」のマークの中にトリガーについて書き込む。
  5．まとめ

✅ 導入

1．指導者自身の経験を基に、あなたのトリガーについて、このような感じで子どもに話す。

> 先生は、やらなければならないことがとてもたくさんあるのに、そのための時間が十分にない時、イエローゾーンに入る気がします。そうなった時は、自分自身がパニックに陥ってレッドゾーンに入らないよう、注意する必要があるなと思います。時々、締切や終わらせなければならないことに追われることがあっても、それができないような気持ちになることがあります。そんな時、とてもストレスを感じて不安になり、自分の心がいっぱいになると癇癪を起こしてしまいます。そんな風になると、とても簡単にレッドゾーンに入ってしまいます。

2．このようなできごとを「トリガー」と呼び、それに気づくことで、自分が「注意！」できるようになることが必要だと念を押す。子どもが「注意！」のサインを見たら、自分がいつもとはちがう状態に対して備え、より注意を向ける必要があることを指導しよう。道路で「この先工事中、注意！」「路面が濡れている時、スリップ注意！」といった警告を与える標識をよく見ることがあるだろう。子どもに、自分をイエロー、ブルー、レッドのゾーンに変えるトリガーについて考えさせよう。

3．このレッスンで行うアクティビティーと目標について話そう。

✅ アクティビティー

1．例として、指導者自身の「トリガー」のワークシートを子どもに見せる。自分自身の「注意！」サイン（図6）の作り方を説明し、それぞれのトリガーをそこに記入させる。

図6）ワークシートP「トリガー」記入例

 指導者の方へ

トリガーを特定するのは、自分のコントロールの仕方がそれぞれちがう子どもにとって難しいことが多いので、もし子どもがどのような時に不快感を覚え、自分をコントロールしにくくなるかについてあなた自身がまだよくわからないのであれば、子どもの家族や他の教職員の協力を得て、子どもの情報を集めておくとよい。

4－7歳の子どもは、トリガーについて、言葉で書かせるよりも、絵などを使って表現させるとよいだろう。もし、子どもが自分のトリガーを特定できないようだったら、何をしている時に、イエローやブルー、レッドのゾーンに入るか、そしてどのようなことを避ける必要があるか、どのような問題を解決する必要があるかをあなたが子どもに直接尋ねる必要がある。

2．子どもが自分の生活で経験したトリガーについて考える。子どもに、前回の授業のことを振り返り、そのようなできごとによって実際イエロー、ブルー、レッドのゾーンに入ったかどうか思い出させる。

3．子どもに、何でもよいので、トリガーと思われることをワークシートPに書き出すよう指示する。ワークシートの中の「注意！」のサインを黄色で塗るよう伝える。

4．子どもは2人ずつペアになり、それぞれ自分のトリガーについて話す。お互いに話しながら、他にもトリガーと思われるものがあったら、自身のワークシートPに追加するよう指示する。

5．今度はクラス全体で、子どもが順番にそれぞれのトリガーについて発表する。

6．子どもは、授業中だけでなく、授業後も自分がコントロールしにくい状態になった時のトリガーについてリストに追加していく。

7．授業中の発表やワークシートPの記入内容を通して、子どもが自分のトリガーについてどれだけ理解しているかを見極める。

子どもが挙げたトリガーの内容によっては、その根底にある問題について子どもと一緒に掘り下げて話し合う必要があるかもしれない。例えば、子どもが算数のことをリストに挙げていたとする。そのような場合、算数のどのような部分が嫌なのか（難しすぎる、書くのが苦手など）を子どもに尋ねてみる。トリガーの内容によって、あなたは接し方や指導方法を変えたり、便宜を図ったりするなどして、そのトリガーが起こらないようにする必要がある。

✓ まとめ

話し合いの場を通して子どもの理解度を判断するため

に、子どもに次のような質問をしてみよう。
- 自分自身のトリガーについて理解することは、なぜ大切なのでしょうか？
- それはどのように役立ちますか？
- 周りの人のトリガーについて知ることは、どのように役に立つでしょう？
- もし友だちのトリガーについて知ったら、あなたの行動は変わりますか？
- それによってクラス全体にどんな影響が出るでしょう？
- 今度あなたのトリガーの１つに出会ったら、どうしますか？

　どのようなきっかけで自分がイエロー、ブルー、レッドのゾーンに入るかに気づくことができたら、それに何らかの対応ができることをクラスで話し合おう。あなたが指導者として、子どもたちのゾーンを変え得るきっかけを理解できたら、よりよい指導と支援ができることを説明しよう。さらに重要なのは、子どもがどうすれば自分をよい方向に導いていけるかを、自分自身でわかるようになることである。どのようにあなたが子どもを助けることができるか、どのように子どもが友だちを助けることができるか、また人はどのようにして自分のトリガーについて気づくことができるか、例を挙げて説明しよう。子どもに、自分のZONESファイルにワークシートP「トリガー」をきちんと入れておくよう指導する。

✅ 学んだことを定着させる方法

- 子どもに自分で記入したワークシートP「トリガー」のコピーを自宅に持ち帰らせ、保護者には子どもと一緒にトリガーのリストを追加していくよう伝える。
- 子どもに、周りの人のトリガーについても考え、意識を高めるよう奨励し、家族や身近な人たち（指導者や支援者）のためにトリガーのワークシートを作るよう勧めてもよい。その際、そのような人たちに、自分たちのどのような行動が周りに人に対してトリガーとなるかを考えてもらいながら、人はどのようなきっかけでイエローやレッドのゾーンに入るか尋ねよう。
- 「トリガー」のワークシートを家族全体で作っておくと、とても役立つ。そうすることで、お互い平穏な状態でいるにあたって、何が妨げになるのかをより理解することができ、お互いを助けたり思いやったりする環境が整う。同じことをあなたの同僚と一緒に行うのもおすすめである。

■ ワークシート P

> ちょっとひと休み

習得状況を見る方法
↓

子どもがZONESについてどの程度理解をしているかを判断する手軽な方法をここに紹介する。手軽な評価方法の取り入れ方や、どの方法が子どもに一番適しているかは、あなたが決めてよい。

確認

子どもが日常生活で、ZONESの概念を使いながら、自分の感情をどの程度認識できているかを簡単に評価する方法を紹介する。レッスン1でZONESの考え方を学んだら、前回の授業で習った部分のアクティビティーを選び、子どもがどの程度内容を理解しているかを観察する。これは、毎回レッスンの最初に（または各単元、各授業の最初といったように、もっと頻繁に）行わなければならない。子どものニーズにあった確認の方法はいくつかある。次に例を挙げる。

- ワークシートQ「ゾーンの確認」を使う（使い方は、P.98の「習得状況を見るための視覚的補助」を参照のこと）。
- 次の内容を板書する：今の私の気持ちは＿＿＿＿＿＿＿＿＿です。私は＿＿＿＿＿＿＿＿ゾーンにいます。これを子どもに口頭で発表させる。
  いつでも簡単にこのやり取りができるよう、「ゾーンのパラパラブック」（図8）を子どもの机にかけておこう（使い方は、P.98の「習得状況を見るための視覚的補助」を参照のこと）。各単元の最初に、自分のゾーンが書かれたページを開き、ゾーンが変化した時はすぐにまたそのページを開くよう子どもに指示する。
- 教室の壁に貼ってあるゾーンのポスター（図9）を使い（詳細はレッスン1を参照のこと）、それぞれの子どもの写真や名前を各ゾーンの上、または横に貼る。写真や子どもの名前の書かれたカードを貼るのには、マジックテープ（Velcro®）や洗濯バサミを使うとよい。
- 子どもに口頭で発表させる。

子どもの行動観察

子どもの行動を観察することで、子どもの習得度を手軽に評価することもできる。観察する場

として、次のような例が考えられる。

- 子どもがゾーンを使いながら、今どのような気持ちなのかを自然な形で表現する。子どもがゾーンのポスターを使って自発的に絵を貼ったり、ゾーンのパラパラブック（P.100）を使って自分のゾーンにあたるページをめくったりしている様子を、無作為なタイミングで観察する。
- 子どもが自分のゾーンを示している時、あなたはその認識が正しいかどうかを判断し、応答したり、意見を述べたりしよう。もし子どもの認識に疑問がある場合は、他にどんな気持ちを抱いたかを優しく尋ねてみる。子どもの表情はどんな風だったかを尋ねるのもよいだろう（例：「あなたはニコニコ微笑みながら、椅子にきちんと座っていますね。だとしたら『グリーンゾーン』でもいいのでは？」）

習得状況を見るための視覚的補助
（ダウンロード可能なワークシートあり）

視覚的な補助を使って、手軽に学習の度合いを評価することができる。次のような視覚的補助が考えられる。
- ワークシートQ「ゾーンの確認」
- ゾーンのパラパラブック（図8）
- ゾーンのポスター（図9）

これらの視覚的補助は、授業の前に用意しよう。先ほども述べたように、どのようなアクティビティーを行い、どの視覚的補助を使うかは、子どもの年齢や学年、視覚的補助に対する理解能力、認知レベル、グループの大きさなどを考慮しながら、あなたが自由にアレンジしてよい。

「ゾーンの確認」

〔8歳以上の子ども向け〕
1．ワークシートQ「ゾーンの確認」を印刷する。
2．それをラミネートする。

ラミネートすることで、ホワイトボードのように子どもが水性ペンで答えを書いたり消したりすることができ、また子どもが自分の感情やゾーンを口頭で述べる際に視覚的に示すのにも使える。

〔4−7歳の子どもや言葉を話さない子ども向け：コミュニケーションボードに修正を加える〕

低学年の子どもや、言葉を話さない子どもにワークシートQ「ゾーンの確認」を使う場合、子どもが理解しやすいようにワークシートに修正を加え、コミュニケーションボードのようにして用いるとよい（図7とワークシートQ）。

1．ワークシートQ「ゾーンの確認」とワークシートQ「4つのゾーンのアイコン」、ワークシートC「各ゾーンの感情」を印刷する。
2．ワークシートQ「ゾーンの確認」をラミネートする。
3．もし白黒で印刷した場合は、4つのゾーンを色分けする。もし必要なら、感情を表す絵の輪郭を適合するゾーンカラーで塗っておく。
4．「4つのゾーンのアイコン」と「各ゾーンの感情」をラミネートする。
5．ラミネートした「4つのゾーンのアイコン」と「各ゾーンの感情」を切り離す。
6．「4つのゾーンのアイコン」と「各ゾーンの感情」の裏面、真ん中あたりに、1.25センチ角のマジックテープ（Velcro®）を貼る。幼稚園児や認知能力に障害のある児童には、複雑な感情を加えずに、「悲しい」「疲れた」「うれしい」「落ち着いている」「ふざけている」「怒っている」といったごく基本的な感情から始めるとよい。各ゾーンに少なくとも一つの感情が対応するようにしておこう。（図7）

図7）
ゾーンの確認のシートをコミュニケーションボードに組み込んだ例（4−7歳向けの子どもや言葉を話さない子ども向け）

■ ワークシートQ 「ゾーンの確認」

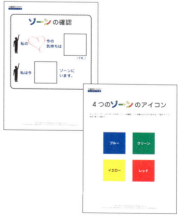

7．マジックテープのついたアイコンを、修正を加えたワークシートQ「ゾーンの確認」に示された2つの小さな四角の枠上に置く（例：「今の私の気持ちは□です」「私は□のゾーンにいます」）。（何種類の感情を取り上げるかにもよるが）「私は□のゾーンにいます」の下に、マジックテープのついた細長いシートを2～3枚置く。その下に、マジックテープのついた他の感情を表す絵を全部貼る。図7の例を参照のこと。

これを使ってゾーンの確認を行う際、コミュニケーションボード（コミュニケーションの内容をイラスト化した意思伝達ツール）は、1回につき1人の子どもが使うようにする。最初の文を読み上げ、子どもに自分の気持ちに最も近い感情の絵を選ばせる。それから、2番目の文を読み、その気持ちに対応するゾーンを選ばせる。

ゾーンのパラパラブック

色画用紙を使って、ゾーンのパラパラブックを作る方法を紹介する。

1. 4つの色（青、緑、黄、赤）のそれぞれの紙を使って、2つの長方形（およそ7.5センチ×12.5センチのカード大）を切り取る。また、白い紙で2つの長方形を作る。これらはすべて同じ大きさで、合計10枚の長方形ができる。
2. 白い長方形の紙を青の長方形にのりづけし、青の紙を緑の紙に、緑の紙を黄色の紙に、黄色の紙を赤い紙に、最後に赤い紙を白い紙に、のりづけしていく。ここで長方形のセットが5つ出来上がる。
3. これら長方形のカード5セットをラミネートし、補強する。
4. パラパラブックの最初と最後が白になるように、2枚の青色、2枚の緑色、2枚の黄色、2枚の赤色がそれぞれ向き合うような順番にする。図8のように、パラパラブックを開くと、両側のページには常に同じ色が見える。
5. ガムテープや、カードリング、スライドリングなどを使って、カードを綴じる。
6. 最終ページの白いカード部分を子どもの机にテープで貼り付け、子どもがパラパラブックを開いて自分のゾーンを示せるようにしておく（指導者から子どものゾーンカラーが見えるよう、机の上にパラパラブックを開けたまま、または上の方のページを机から垂らした状態にしておく）

図8）
ゾーンのパラパラブック
作り方の例

7．パラパラブックの中は、子どもが各ゾーンでよく見せる気持ちを表す絵や、各ゾーンにいる時に使うツールの絵を入れておく。

ゾーンのポスター

　この視覚的補助の作り方は、レッスン1で紹介している。授業のアクティビティーの一つとして、これを作るのもよい。

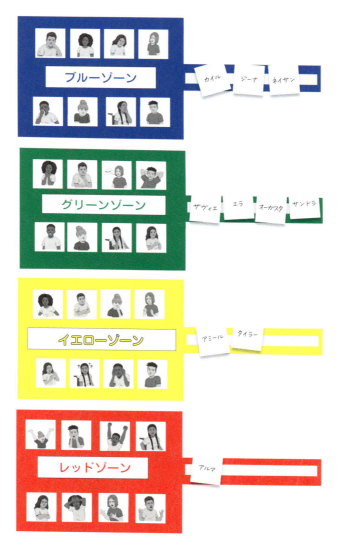

図9)
子どもの名前が入ったゾーンのポスターの例

Chapter 4

さあ、
レースの動向はいかに!?

気持ちを静め、素早く対応するための方法

　この章では、自分たちのゾーンをコントロールするのに役立つツールを学び、練習するためのレッスンを紹介する（Chapter 5ではこれらのツールを使うタイミングを理解することに重点を置く）。前述のように、ZONESのカリキュラムを教えながら、徐々にこのようなレッスンを取り入れていくことをおすすめする。レッスンの順番にこだわる必要はない。各レッスンで、子どもにふさわしいと思われるツールの種類や、使い方のコツについて触れる。

☑ 本章の目的

本章の内容を全部実施した後には、子どもが以下のことができるようになる。

- 自分たちのゾーンを変えることのできる方法やツールがあることを理解する。（レッスン10、11、12）
- ツールの効果は人それぞれで、自分にとって最も効果的なものを選ぶ必要があることを理解する。（レッスン10、11、12）
- 少なくとも、自分の気持ちを静める方法を5つ、自分が周囲に意識を向けることのできる状態になる方法を2つ、グリーンゾーンで自分をコントロールできる方法を1つは知っておく。（レッスン10、11、12）
- 自分をコントロールするための方法をどう用いるか、説明することができる。（レッスン10、11、12）

本章で紹介するレッスンでは、子どもが次に挙げる大切な質問について考える。

・ゾーンに対応するツールを使うと自分の考えや気持ちがどのように変わるか？
・自分に影響を与える方法は、人にも同じように効果があるか、それとも場合に

よって他の人にはもっと効果があるか？

　この章で取り入れているレッスンは、子どもがさまざまなツールを試し、各ツールがどれだけ効果をもつか理解することを目的としている。子どもによってはちがう種類のツールに関心を寄せることもあるため、いろいろなツールを試してみるとよい。

　さまざまなツールを考慮するにあたっては、次のような項目に沿って整理していこう。感覚的な補助、気持ちを静める方法、物事の考え方。これらの項目は重複する部分もある。気持ちを静めるための多くの方法は、思考回路を変えてみるといった神経認知学的な面と、神経を落ち着かせることでストレスを感じている身体的反応を静める生理学的な面を合わせもっている。

　例を挙げよう。ストレスを感じた時に行う深呼吸は、実際には自分の身体を使って行う生理学的な要素をもっているが、それを行うことで、自分の神経をリラックスした状態に変えることができる。また、深呼吸には神経学的、認知学的な要素も含まれており、お腹に手を当てて連続して深呼吸をし、自分の呼吸に集中することにより、自分の考えに再度集中することができる。さらには、深呼吸をすることで、より多くの酸素を身体に取り入れることができ、それは脳をより効果的に機能させることにもつながる。

　子どもの感覚的なニーズを考えたり、気持ちを静める方法を指導したりすることに加え、子どもの思考パターンによってどれだけ自分をコントロールしにくい状態を作っているかについて教えることは大変価値がある。先ほども述べたように、自分をコントロールすることが難しい子どもたちにとって、思考や行動を認知するシステムは人によって随分ちがい、自分の気持ちをコントロールする能力と深い関係がある。自分をなかなかコントロールできない子どもは、柔軟性に欠け、白か黒といった極端な考え方をするために、グレーの部分を受け入れることができないという傾向が強い。そのような子どもは、物事を客観的に捉えたり、全体像を見たりすることが苦手で、どうでもよいような細かい事がらに捉われ、自分の考えや気持ちを筋道立てて考えることができないことが多い。「こんなことできない」「今まで1番になったことがない」「誰も自分の話を聞いてくれない」と頭の中は否定的な考え方で溢れている。思考回路に関するツールのことを「物の考え方」と言い表すことができ、子どもの認知の仕方、考え方を変えることを意味する。物の考え方を調節したり、不安や人の気持ち、感覚的なニーズ、ソーシャルスキルに気づいたりするためのカリキュラムや教材は山ほどある。その中の一部を巻末「おすすめの情報」で紹介している。

この章で紹介する感情のコントロールをするためのツール：

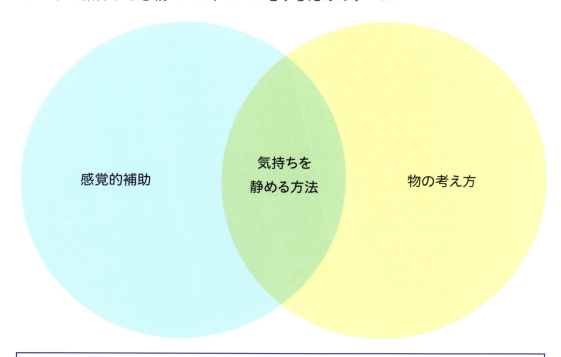

本章のレッスンで紹介するツール

感覚的補助
・あなたが持っている感覚補助やグッズ

気持ちを静める方法
・六角形で深呼吸
・ゆったり8の字深呼吸
・気持ちを静める流れ
・10まで数える
・深呼吸に関する学習

物の考え方
・問題は大きいか小さいか
・心の中の指南者か批判者か
・Superflex® vs Rock Brain®（超柔軟な考えか石頭的な考えか）

✅ 本章で用いるレッスン

　ここで紹介するレッスンでは、ワークシートR「ゾーンに対応するツール」を使いながら、いろいろな種類のツールをまとめ、その効果を検証することを学ぶ。もし子どもが自分のゾーンを（Chapter 3で紹介したレッスンの内容を）理解するレベルまで到達しているならば、たとえこれらのツールをここで学んでいる最中でも、自分をコントロールするのに役立つツールについて、すでにある程度わかっているだろう。

　自分をコントロールするツールを上手に使い始めた子どもには、落ち着いた状態

の時に自分のツールを使う練習をさせ、より前向きな気分を実感できる機会をどんどん作っていくことが望ましい。特に、イエローやレッドのゾーンにいる時に役立つツールを練習しておくことは大切である。自分の気分が高ぶった時に、まだ1回しか試したことのない新しいツールを試そうとはしないだろう。それよりも、落ち着いた時に何度か練習を重ねておくと、子どもがイエローやレッドのゾーンに入った際、習慣的、また自然な形で、そのツールを使うことができる。

　子どもの1日の生活の中に時間を作り、毎日決まった時間（例えば、放課後や夜の就寝前など）に練習をさせることをすすめる。授業中みんな一緒にツールの使い方を練習することによって、ZONESを積極的に使う雰囲気が作られ、それぞれが自分の気持ちを静めるためにツールを用いるようになり、お互いをわかり合えるようになる。その際、他の子どもに比べて自分をコントロールすることが苦手な子どもを1人たりとも仲間外れにしないようにしよう。

　この章で行うレッスンを通して、子どもは、それぞれのツールがどれだけ自分に影響を及ぼすかを見ながら、いろいろなツールを試していく。続くレッスンでは、子どもが自分のツールをワークシートZ「ツールボックス」にきちんと整理し、視覚的にすぐにわかるようにしておき、どのタイミングで使うかをよりわかりやすくしておくことを学習する。あるツールを一旦ワークシートZ「ツールボックス」に書き込んだとしても、2回目にそれを使った時の効果について子どもに確認させるようにする。あるツールを初めて使う場合、子どもはふざけたり、クラスの友だちがどう思っているかを過度に気にしたりする傾向がよく見られる。また自分の葛藤や不安に対処する時、「どうせ何も変わらない」といった固定観念にとらわれる可能性もある。

　このような子どもは落ち着いた状態の時に自分のツールを練習していないことが多く、「そういう時には深呼吸しなさい」「数字の1から10まで数えなさい」と長年言われてはきたものの、自分の対応能力がすでに限界に近づいていて、ツールを使うことにも失敗してしまう。そのような子どもには「最初は何も変わらないかもしれないけど、2回、3回と繰り返し練習することで、よい方向に変わっていきますよ」と教えよう。

　中には、ごく自然な状態でイエローやブルーのゾーンにいることの多い子どもがいるが、それは彼らの性格と言える。そのような子どもには、イエローやブルーのゾーンの中で自分をコントロールするツールを見つけさせ、それぞれの状況にふさわしい行動が取れるよう、そして彼らが目標を達成し、心身の健康を保てるような指導をしよう。

ここでのレッスンで見つけたツールに加え、関連する映像（iTunesやAmazonでたくさんの情報がダウンロード可能）、心に残る視覚的なもの（自分のお気に入りの場所で撮った自分の写真や、そのような場所で描いた自分の絵、自分についての記述、レッスン11の「追加のアクティビティー」で紹介する「私の安心ブック」、「Brain Gym®」（アメリカの教育学博士、ポール・デニソン氏が開発した教育プログラムで、脳と身体を刺激するエクササイズを行うことで、活動能力や学習効果を向上させ、メンタル面を安定した状態に導く）、「マインドフルネス」（過去や未来ではなく、目の前の「今」にだけ集中することで、脳を活性化し、心身の状態を整える）、ヨガなどを用いるのもよいだろう。

レッスン10
感覚を楽にするツールを見つける

Lesson 10

✓ あらまし

ここでは、子どもが教室内に設置したテーブルを回りながら、自分の感覚を楽にするさまざまなツールを試し、それらがどのように自分の情動のレベルに影響を及ぼすかを確認する。子どものためにどのような教材やツールを用意できるかによって、その内容は変わる。このレッスンの「用意するもの」の項目を参照のこと。

✓ 予備知識

誰もが自分にとって心地よい感覚や、これだけはいやだという感覚をもっている。香水の香りが好きな人や、お香で気持ちを静めるという人もいれば、このような香りや刺激で不快な気分になり、その挙句、自分の気持ちをコントロールできなくなったり不愉快な気持ちになったりする人もいる。このレッスンで紹介する感覚を助けるツールは、中枢神経を静めたり、注意力・集中力を高めたりするのに用いることができ、その結果、子どもは目を向けなければならないことに集中し、関係のないことや背景にある刺激に対しては目を向けなくなる。意味のある、無理のない方法で感覚的な刺激を与えることによって、子どもの中枢神経はより機能し、ただ感覚の欲するままに破壊的な行動に出ることが少なくなる。

子どもによっては、席についている時、常に何かに触れたり（ストレス解消ボールなど）、動いたり（椅子ではなく、バランスボールの上に座るなど）、筋肉を動かしたり（机の脚に伸縮バンドや布を巻き付け、自分の脚でそ

■ 授業目標
- 感覚を楽にするツールを使うことで、どれだけ自分のゾーンをコントロールできるか、子どもが認識を深める。
- 感覚を楽にするツールを使うことで、自分を目覚めさせたり、注意力を上げたり、また自分の気持ちを静めたり、整えたりすることができることを理解する。
- 感覚を楽にするツールは、自分をコントロールするために、あらゆるゾーンで使うことができることを学ぶ。
- 感覚を楽にするツールをどのようにして手に入れ、利用するかを学習する。

■ 用意するもの

このレッスンで子どもにどのようなツールを用意するかは、あなたがどのような教材や備品を持っているかによる。感覚を楽にするツールとして、試してみるとよいと思われるものを次に挙げる。ブランコなどの備品は、もし子ども用にない場合は個人で用意しなければならない。そのような時は、束ねた本などの重いものを運ぶなど、それ以外の学校や自宅で手に入りやすいツールを探そう。次の2つのウェブサイトでは、感覚を楽にする商品を注文することができる。
www.abilitations.com（英語版）
www.southpawenterprises.com（英語版）

■ 用意するもの
□ 感覚を安定させるツール
・ストレス解消ボールやSilly Putty®（シリコン製の粘土）を握りしめる
・米の入った容器の中で手を掘り下げたり、何かを探ったりする
・座る時に、重量感のあるベストを着用したり、膝の上にクッションを置いたりする
・バランスボールやバランスディスクの上に座る（どちらも空気を入れて膨らませて使うクッションで、子どもはその上に座ることで、かすかな動きを体験できる）
・ノイズキャンセリング可能なヘッドホン
・壁腕立て伏せ
・重たい物を押したり引っ張ったり、運んだりする（椅子を積み重ねる、カートを押す、物の入ったバスケットや積み重ねられた本を運ぶ、ほうきやモップを使って掃除をする、テーブルや黒板を拭く、といった意味のある重労働）
・ブランコ（もしあれば、遊び場にあるブランコ、うんてい、室内用の吊りブランコなど）
・キックボード
・なわとびやトランポリンなど
・自転車や子ども用のスクーターに乗る
・ビーズクッションや大きな枕を抱きしめて深い刺激を与える
・枕やクッション、毛布の下にもぐる
・セラピーボールの上に座って跳ねる
□ ワークシートR「ゾーンに対応するツール」を子どもに1部ずつ
□ ゾーンカラーを塗るための色えんぴつ
□ タイマー

れを押したり引いたりする）している方が能率の上がる場合もある。また、もっと激しい活動（重いものを運ぶ、走る、何かに登る、ぶつかる、揺れる、枕やビーズクッションの下に潜るなど）によって、学習や人づきあいに必要な注意力を最適な状態にすることができる子どももいる。

　感覚の処理の仕方がちがう子どもは、感覚の調節力を上げるために、それぞれに合った活動、「感覚メニュー」が必要となる。このレッスンで紹介する感覚的なツールは、決して包括的なものではない。ツールによっては、自分をコントロールするのに、他の子どもより、より強い効果を発揮するものがある。また個々のニーズに合わせて、個別対応する必要がある場合もある。感覚統合や処理に関する詳細は、熟練した作業療法士に相談したり、次に挙げる本『Sensational Kids: Hope and Help for Children with Sensory Processing Disorder（感覚っ子　感覚情報処理障害の子どもに向けた願いと支援）』、『The Out-of-Sync Child: Recognizing and Coping with Sensory Processing Disorder（ずれている子ども　感覚情報処理障害の子どもに気づき、寄り添う）』を参考にしたりことをおすすめする。The Alert Program®は、子どもが感覚的補助のことを学び、取り入れていくのにとても役立つ（巻末「おすすめの情報」に記載）。

指導者の方へ：作業療法士は感覚統合の理論に関して十分な知識をもっているが、子どもが日常生活の中でどのような視覚的な補助を必要としているかについては、指導者や保護者も十分に心得ている。

　ここで紹介するアクティビティーは、子どもの感覚的な補助に関して実践的な知識と経験をもつ指導者が通常の指導において教室で行ったり、保護者のリードによって自宅で行なったりするとよい。もし、あなた自身が感覚情報処理のちがいについて十分心得ていないのであれば、作業療法士と一緒に指導したり、作業療法士が中心

となって授業を行ったりするとよいだろう。

　もし子どもがものすごく感覚的な刺激を求めたり、防御的な行動を示したりするようだったら、感覚情報処理障害の子どもを指導したことのある作業療法士に相談することを強くすすめる。感覚的な刺激を求めるというのは、同年齢の子どもが通常示す状態よりもはるかに多く、激しくそれを必要とする状態のことを意味する。そのような子どもは、常に動きたがる、何かに触れたがる、また筋肉や関節への刺激を求める（叩きつける、締めつける、飛び跳ねる、ぶつかる、転がるなど）などの行動を示すことが多い。

　防御的な反応とは、感覚が極めて不快な最大級のレベルに達していることを示す。これには、触覚（いつもとちがう布地に対して敏感、髭剃りなど身なりを整えることに不快感を覚えるなど）、聴覚（音に敏感）、味覚（好き嫌いが激しい）、嗅覚（人よりもにおいに敏感）、動き（ぐらぐらした地面でどのように足を動かしたらよいかわからない）などの要素を含む。

✓ 準備

- ワークシートR「ゾーンに対応するツール」を子どもに1部ずつ。
- 教室の壁際、窓際に机を置き、各机の上にさまざまな対応のツールを並べる。子どもが、それぞれの机でどのくらいの時間を使うかあらかじめ決めておく。このアクティビティーに割り当てられた時間と子ども数を考慮して決めるとよい。子どもがそこで試したツールについて記録をする時間、各ゾーンでどのツールが役立つかを確認する時間、そして机の間を移動する時間が必要であることを考慮しよう。1つのツールにつき、2つ以上のゾーンを記録してもよい。
- 机に並べたツールすべての名前を黒板に書き出し、子どもが記録しやすいようにする。
- 予定を板書する。
  1．導入
  2．各机を回り、ゾーンの記録をする。
  3．まとめ

✅ 導入

1. 各机を回り、自分の感覚を落ち着かせるツールをいろいろ使ってみて、その効果を試してみるよう子どもに指示する。
2. この授業の内容と目標を説明する。

✅ アクティビティー

1. 子どもは、感覚を落ち着かせるためのツールが置かれた机を順に回り始める。この授業の目標を説明し指示を与えながら、まずは最初のツールを試してみるよう促す。
2. 子どもに、この授業では、教室に設けた机をすべて回り、全部のツールを試してみることを説明する。各机では、そこにあるツールが、自分の気持ちを静めたり、また自分がより周囲に意識を向けることのできる状態になるために役立つか、あるいは効果がないかを子どもたちが判断する。もし自分の気持ちを静めることができるとわかったら、それはイエローやレッドゾーンで効果を示すことを、またより活発な状態にもっていくことがわかったら、それはブルーゾーンで効果を発揮することを関連付けて理解する必要がある。
3. 子どもに、ワークシートRを使って、それぞれのツールが役に立ったと思われるゾーンに丸をつけさせる（記入例：図10）。各ツールに対して、2つ以上のゾーンに丸をつけてもよいこと、もしどのゾーンに対しても効果がないのであれば「なし」に丸をつけてよいことを話す。

    指導者の方へ：ゾーンに対応するツールは子どもによってそれぞれちがうので、一人ひとりの子どもが自分にとって効果のあるものを探す。くれぐれも、ワークシートに書かれた特定のゾーンに丸をつけるよう指示することは避けよう。ただし、子どもがツールを試している時に、気づいたことを助言するのはよい。
4. 子どもがワークシートにツールについて記入し終わったら、次の机に移動するよう促す。
5. 子どもが各机を歩き回っている間、子どもの様子を観察し、ツールが各ゾーンに役立っているかどうか、子どもの判断に矛盾がないかを見極める。
6. 子どもが机を回っている時、そこにあるツールが子どもの気持ちや身体の状態をコントロールするのにどれだけ役立っているか、しっかり説明しよう。子どもの学齢に合わせて、わかりやすい言葉で話す。ブルーゾーンにいる時は自分

を心地よくしたり、周囲を意識できたり、より注意を促したりしてくれるツールがあり、イエローやレッドゾーンにいる時には自分の気持ちを静め、物事に集中できるよう仕向けてくれるツールがあること、そしてグリーンゾーンでは元気な状態を保ってくれるツールがあることを教えよう。今回の授業では、子どもはいろいろなツールを試し、感覚を落ち着かせるために最も役立つツールを知ることができる。

- 子どもに、もし1日中ブルーゾーンにいて、そこから脱することができず、自分が予期していなかった行動をとってしまったらどんな感じかを尋ねてみよう。そして、注意力・集中力を高めるために、もし悲しい気持ちであれば、より穏やかな気持ちになれるようにツールを使うことは大切だと説明しよう。
- 子どもに、もし1日中イエローゾーンにいて、それをコントロールできず、自分が思ってもいなかった行動をとってしまったらどんな感じかを尋ねてみよう。そして、自分の気持ちを落ち着かせたり、コントロールする感覚を戻したりするためのツールを使うことが大切であると説明しよう。

ブルーゾーンにいる時、気持ちを整えるために役立つツール

ブルーゾーンにいる時に試すツールとして、次のようなものがある：ガムを噛む、酸っぱい飴を食べる、水を飲む、ゆったり過ごす、運動をする、Brain Gym® の動きを全部やってみる、快活な音楽を聴く、新鮮な空気を吸う。

✅ まとめ

クラス全体で話し合いの場をもち、グリーンゾーンにいる時に、自分の気持ちを静めたり、注意力・集中力を高めたり、心地よい状態を保ってくれるツールを見つけたかどうかを発表してもらう。一人ひとりちがいがあるので、自分に効果のあるツールでも他の子どもには効果がないこともあるといった内容もみんなで話し合おう。ワークシートA「ゾーンに対応するツール」をZONESファイルに保管するよう子どもに指示する。

✓ 学んだことを定着させる方法

　先ほども述べたように、子どもがツールを使う練習をするための時間を毎日作ることが必須である。感覚的なちがいをもつ子どもには、感覚を落ち着かせるためのツールを事前に使えるようにし、感覚的なニーズに沿った意味のある方法を見つけるようにしよう。もし子どもの感覚的なニーズに合うものがなかなか見つからない場合、より破壊的な方法の中で見つかることがある（例：教室から走って飛び出して行く、友だちに対して乱暴にふるまう、人にぶつかっていったり触れたりする）。

　ワークシートR「ゾーンに対応するツール」を用いながら、感覚的に落ち着かせる方法を試していくうちに、子どもにとって最も効果的なものがだんだんはっきりわかる。子どもの感覚的なニーズに合ったツールを見つけるために、子どもと関わる人がその子どものために全員協力することが必須である。それには、次の章で作成する「ツールボックス」（レッスン13）が役立つであろう。

■ ワークシートR

図10）ワークシートR
「ゾーンに対応するツール」
の記入例

レッスン11
気持ちを静めるためのツール

Lesson 11

✓ あらまし

ここでは、気持ちを静めるためのいろいろなテクニックをクラスで練習し、ワークシートZ「ツールボックス」に記入していく。気持ちを静めるテクニックとして、次のようなものが考えられる。

- 深呼吸の練習
- 六角形で深呼吸（息づかいを示す六角形を用いて、呼吸のテクニックを学ぶ）
- ゆったり8の字深呼吸（息づかいを示すゆったり8の字深呼吸のイメージを用いて、呼吸のテクニックを学ぶ）
- 数字の1から10まで数える
- 気持ちを静める流れ（筋肉の収縮と強い圧力の刺激から成るステップを繰り返しながら瞑想的な流れを学ぶ）

これらの気持ちを静めるテクニックは、感覚を静める生理学的な要素と、精神を静める認知的な要素の両方を含む。このようなテクニックは、子どもが感情をコントロールするのに難しい状況に置かれている時、身体が自動的に戦いモードになったり、重荷を感じたり、逃げ出したい衝動に駆られたりしている状態から抜け出すのに役立つ。

✓ 準備

- 気持ちを静めるテクニックのワークシートS、T、Uのコピー。

■ 授業目標
- 子どもが気持ちを静めるテクニックを学び、自分の身体や心を落ち着かせるのに、それらのテクニックを実際に試してみる。
- 気持ちを静めるテクニックがゾーンをコントロールするのにどれだけ役立つか、子どもが認識を高める。
- 子ども自身が、自分の気持ちを静めるのにどの方法が効果的かを考える。

■ 用意するもの
- ☐ ワークシートR「ゾーンに対応するツール」を子どもに1部ずつ。もし感覚を落ち着かせるツールから始めたら、その後もずっと同じツールを用いるようにする。
- ☐ ワークシートS「六角形で深呼吸」
- ☐ ワークシートT「ゆったり8の字深呼吸」
- ☐ ワークシートU「気持ちを静める流れ」
- ☐ 4色のゾーンカラーの色えんぴつ

- ワークシートR「ゾーンに対応するツール」を子どもに1部ずつ用意する。（もしレッスン10をすでに終えていたら、同じワークシートを引き続き使ってもよい）
- 気持ちを静めるツールの一覧を作り、子どもがその名称を正しく書けるよう、黒板に書き出す。
- これらのテクニックをどのように取り入れて教えていくかを、それぞれのアクティビティーの説明を読みながら、このレッスンで紹介する視覚的な絵を参考にして準備する。

 指導者の方へ：この授業では深呼吸に関するさまざまなテクニックを学習するが、子どもたちは深呼吸のリズムがうまく取れなくて苦労するかもしれない。深呼吸の練習を初めて授業で取り入れる場合、リラックスするというよりも過呼吸になりがちである。

これから紹介する気持ちを静めるテクニックを教える時に、もし深呼吸をうまくできない子どもがいたら、次のレッスンに進む前にその子どものために個別に時間を作り、深呼吸の練習をしよう。リラックスするような音楽をかけ、部屋の電気を薄暗くし、子どもは床の上に横になり、おなかの上に手を置く。おなかの中に風船が入っていると想像し、それをゆっくり膨らませ、おなかの上に置いた手が上下左右に伸びる感覚を覚えてもらおう。今度は、その空気をゆっくり外に出すよう指導する(効果音なしで)。おなかの上に本などの物を置いて、呼吸とともに、それがおなかの上で上がったり下がったりするのを感じさせるのもよい。ここでの目標は、横隔膜を使って深呼吸をし、筋肉の緊張を和らげ、血管により多くの酸素を送り込むことである。上手にできない子どもは、とにかくゆっくり深呼吸をする。もし必要であれば、また子ども自身に承諾が取れ、学校の方針でも許可されているのであれば、あなたの手を子どもの胸に置き、少し手動で操作しながら呼吸の手助けをするのもよい。子どもが新しいスキルを学ぶことに不安を感じている場合、初めて深呼吸の練習をする時に、大声で笑ったり、クスクス笑ったり、望ましくない行動をとることがよくある。そのような子どもには、毎日子どもが落ち着いている時を見計らって時間を作り、深呼吸の練習をしよう。そうするうちに、笑ったりしなくなるだろう。

- 予定を板書する。
  1．導入

2．気持ちを静めるためのツールを練習する。
- 六角形で深呼吸
- ゆったり8の字深呼吸
- 気持ちを静める流れ
- 数字の1から10まで数える

3．記録を取る。
4．まとめ

✅ 導入

1．子どもに、これから心と身体をリラックスさせるのに役立つ、自分の気持ちを静めるテクニックを学習することを説明する。子どもが現在使っている、レッドやイエローのゾーンにいる時に気持ちを静める方法について、クラスの友だちに紹介してもらう。

「いろいろなゾーンにいる時に予想外の行動をとってしまい、よく周りの人を困惑させてしまうことはすでにお話ししました。そこで、自分のゾーンをコントロールするためのツールを知っておく必要があります。皆さんの中で、自分の気持ちを静めるためのツールをもっている人はいますか？」

2．今日は、自分のツールに加えて、新しいツールを学習することを子どもに伝え、この授業の目標を確認する。身体と心の生理学的な感覚に焦点を当てながら、落ち着いた状態とはどのような感じなのかを確認する。きっかけを掴むために、ZONESファイルに入っているレッスン6で学習した「グリーンゾーンにいる私」に書かれた自分の顔を参考にしよう。

「自分が落ち着いた状態であることを、どのようにして知ることができますか？その時、あなたはどんな顔をしていますか？　自分の身体からどのような合図や兆候が出ますか？」

✅ アクティビティー

1．自分の気持ちを静め、リラックスさせ、落ち着いた状態でいられるようにするためのゾーン別のツールを探していくことを子どもに説明する。

2．子どもにワークシートS「六角形で深呼吸」を配る。板書した気持ちを静めるためのツールについて子どもに説明する。もしワークシートR「ゾーンに対応

するツール」を持っていない子どもがいたら渡す。

3．ワークシートＳ「六角形で深呼吸」に書かれた方法を実際にやって見せる（方法はワークシートを参照のこと）。１つのサイクルを最低5回は練習する。その結果、自分の気持ちが落ち着いたかどうか、子どもに尋ねてみる。もし役立ったと思えるものがあったら、どのゾーンに対して効果があったかワークシートに記録する。

4．黒板の端に「ゆったり８の字深呼吸」の絵を描く。子どもには、自分の「ゆったり８の字深呼吸」の絵を紙の上に書かせるか、それが書かれたワークシートＴを配る。紙上の「ゆったり８の字深呼吸」を指でなぞりながら、８の字の左側部分をなぞっている時には息を吸い、右側部分をなぞっている時は息を吐き出す練習をする。この時、左側に置かれた物を右手で操作するような人体の中心線を越える動きや、脳の両側を使う感覚を覚える訓練になり、それが自分の身体に対する意識を高め、読み書きの能力を高めることにもつながる。子どもはワークシートＲ「ゾーンに対応するツール」に自分の身体の反応を記録しておく。

5．ワークシートＵ「気持ちを静める流れ」を配り、そこに示された一連の動きを５回繰り返してその流れを掴んでもらう。カーリー・ダン・ビューロン氏は著書「When My Worries Get Too Big（不安が大きくなりすぎたら）」（巻末「おすすめの情報」を参考のこと）の中で、特別支援を必要とする子どものための気持ちを静める瞑想テクニックを紹介している。子どもに自分の気持ちを静める手助けになったかどうかを尋ね、ワークシートＲ「ゾーンに対応するツール」に記録させる。

6．子どもに、１から10まで数えるテクニックを紹介する。目を開けたままでも閉じたままでもよいので、落ち着いた静かな声で、頭の中で10まで数える方法を例として示す。そして、これは何か行動を起こす前に、考えたり計画を立てたりするのに役立つことを説明する。じっとしたまま、「いーち、にー、さーん…じゅーう。さあ準備が整いましたね」といったフレーズを子どもに教えると、子どもはより理解でき、１から10まで数える方法を覚えやすい。そしてワークシートＲ「ゾーンに対応するツール」に自分が感じたことを記録する。

✔ まとめ

子どもに次のような質問をし、学習内容をどの程度理解したかを確かめる。

- 気持ちを静めるいろいろなテクニックを学びましたが、どのように役に立ちましたか？
- この１週間を振り返ってみて、今回習ったテクニック（ツール）のどれかが自分のゾーンをコントロールするのに役立ったと思いますか？
- 何かツールを使ったら、周りの人にどんな影響があると思いますか？

　ツールをいろいろ使ってみて、そのツールによって自分の気持ちがどうなるかを記録し続けることを子どもにすすめることで、子どもは自分をコントロールするためにはどの方法が最も効果的かがわかるようになる。子どもには、自分のZONESファイルにワークシートＲ「ゾーンに対応するツール」をいつも入れておくよう指導する。次の章で紹介するレッスンでは、ちがうゾーンにいる時に自分の気持ちをコントロールするためには、どのタイミングで、どのようにツールを用いるかを学習する。

✅ 学んだことを定着させる方法

- 本章のはじめで述べたように、子どもが気持ちを静めるためのツールを使う練習を毎日行う時間を作ることがとても大切である。１日の予定の中に、気持ちを静めるテクニックを１つ練習する時間を確保することで、子どもは自分で続けて練習しやすくなる。練習の時間としては、刺激に溢れた活動（たとえば、休み時間や遊びの時間、体育の授業）から戻ってきた後、または集中力を要するアクティビティー（例えば、宿題の時間や難しい内容の授業）の前がよいだろう。
- 子どもの自宅用に、気持ちを静めるテクニックのワークシートＳ、Ｔ、Ｕを何部か用意し、保護者に、自宅でも１日１回時間を取り（宿題の時間や就寝の前など）子どもと一緒に練習するようすすめる。

✅ このレッスンの取り入れ方

- もし子どもがワークシートに記録を取ることがうまくできないようであれば、あなたが代わりに書くようにしよう。気持ちを静めるテクニックがどのゾーンに役立つのかを子どもが判断できないようであれば、あなたがそのテクニックを使っている子どもを観察した結果、どう感じたか、そのテクニックで子どもの気持ち

を静めていたかどうか、脳を活性化させていたかどうかを子どもに伝えよう。
- もし、すでに使えるツールをもっている子どもがいたら、ワークシートR「ゾーンに対応するツール」にそのことを書くよう指導しよう。子どもがあなたと一緒にツールを考案したのであれば、よりやる気を出して練習するだろう。

「六角形で深呼吸」は、昔受けもった子どもから得た考えに基づいたもので、その絵やアクティビティーは、その子どもと一緒に考えて作り上げたものだ。その子どもは、当時、ツールなんて役に立たないと否定的な発言をしていた。しかし、「六角形で深呼吸」を考案するという大役を果たした後は、子ども自身も、「六角形で深呼吸」を1日の中で何度も行い、イエローやブルーのゾーンにいる時の自分の気持ちをコントロールするのに役立つと言えるようになった。

✅ レッスン11に関わる追加のアクティビティー

〔私の安心ブック〕

子どもに、自分の気持ちを静めたり、気持ちを安定させたりするのに効果のある写真を貼った「私の安心ブック」を作らせる。自宅からそのような写真を持ってくるよう指示したり、自分の気持ちをリラックスさせ、静めてくれる画像を雑誌から切り抜いたり、インターネットから探したりする手助けをしよう。その本には、人の写真、自分の好きな物、好きなアクティビティー、うららかな風景など、自分にとって役立つと思われるものは何でも入れてよい。「私の安心ブック」を作る時は、緑色の大きな画用紙を用意し、それを8等分に折って切り取り、ホチキスで綴じる。子どもに、その本のタイトルと著者名を表に書かせる。もし可能であれば、子どもがそこに貼る写真それぞれの横に表題をつけ、どのような感じで気持ちが静まるか説明を加える。子どもが写真を貼る前に、子どもが切った写真を確認し、子どもがどのようにして自分の気持ちを静めるかのイメージを掴む。「私の安心ブック」は、子どものツール箱に加えておこう。

■ ワークシート S

■ ワークシート T

■ ワークシート U

レッスン12
ツールを探す──物の考え方

Lesson 12

■ 授業目標

問題の大きさ

- 子どもは、大、中、小の問題の例をあげることができる。
- 状況を分析し、問題がどのくらい大きいか説明できるようになる。
- 問題の大きさに合わせて、実際の反応の大きさや予想できる反応の大きさについて考える。
- 問題の大きさを理解することがゾーンの調節に役立つということがわかるようになる。

心の中の指南者 と 心の中の批判者

- 子どもは、肯定的な自己対話と否定的な自己対話の例を挙げることができる。
- 自分が否定的な自己対話を行なった時、その状況を自分で分析することができる。
- 自分をコントロールすることが難しいような時に、肯定的な自己対話を行えるようになる。
- 自分をコントロールするために「心の中の指南者」で習ったことをどのように生かすかがわかるようになる。

超柔軟な考え方 と 石頭的な考え方

- 子どもは、超柔軟な考えと石頭的な考えのちがいをきちんと理解できる。
- 超柔軟な考えと石頭的な考えに関して、自分が実際に経験した例を挙げることができる。

✓ あらまし

このレッスンでは、子どもが自分をコントロールすることを学ぶ3つの効果的な考え方を習得するアクティビティーを行う。その3つとは、問題の大きさ、心の中の指南者と心の中の批判者、そしてSuperflex® の考え方とRock Brain© の考え方である。

「問題の大きさ」に関するアクティビティーでは、子どもはものさしのイラストを使って問題の大きさを判断し、問題に対する心の反応を分析し、反応によっては実際の問題に対していかにふさわしくないかを考察する。ここでのアクティビティーは、子どもが問題の大きさに関する基本的な用語を学べるようになっている。

また、「問題の大きさ」に関するアクティビティーでは、さまざまな状況でみんなが経験したり予期したりする感情のレベルにどのように関わるかを学習する。問題の大きさというのは、ミッシェル・ガルシア・ウィナー氏のSocial Thinking® の中で紹介されている方法の1つである。ここで紹介するアクティビティーは、彼女の著書である「Think Social!」(2005)（巻末「参考文献」参照のこと）と「Superflex：A Superhero Social Thinking Curriculum」(Madrigal and Winner, 2008) から許可を得て採用している。

「心の中の指南者 と 心の中の批判者」に関するアクティビティーでは、話し合いに参加したり、ワークシートに記入したりしながら、自己対話の概念を学習し、否定的な考えをより肯定的な考えに置き換えるにはどうすればよいか、そして、自分をコントロールするために自己対

話をどのように取り入れるかを学ぶ。自己対話は優れた機能であり、子どもが自分をコントロールする方法に大きな影響を与える。子どもは、自分の心の声に気づいていない、または自己対話が悲観的で自己否定の表現に満ちていることが多い。

「超柔軟な考え方 と 石頭的な考え方」のアクティビティーでは、子どもは巧みな方法を用い、話し合いを重ねながら、超柔軟な考えと石頭的な考えの概念を理解していく。柔軟な考え方は優れた方法であるが、まだ柔軟な考え方を習得していない子どもの場合、何かを行う上で1つの考え方や方法に固執してしまいがちだ。頑固な考え方は、子どもが自分自身をコントロールしにくい状態に陥らせ、イエローやレッドゾーンに移行する結果を招きやすい。

上の3つを1回の授業で一気に教えることを、私は薦めない。3つのアクティビティーを別々の日に分けて教えることを最も薦める。また、子どもがそれぞれの概念をしっかり理解できるようになるために、アクティビティーによっては、授業を複数回行なって指導するのもよい。

- 考え方を変えることによって、自分のゾーンをコントロールできることを理解する。

■ 用意するもの
- □ 「問題の大きさ」のアクティビティー
- □ ワークシートV「問題の大きさ 大きな問題と小さな問題」1部
- □ ワークシートW「問題の大きさレベル」のコピーを掲示用と子どもに1部ずつ
- □ それぞれの子どもが持っているワークシートR「ゾーンに対応するツール」

問題の大きさ
物の考え方の練習[6]

✅ 準備

- ワークシートV「問題の大きさ」を子どもに1部ずつ
- 黒板に、1から5までの目盛りを、5が一番上に来るようにして書く。4と5の数字の横に「みんなが大きな問題だと感じる」、3の数字の横には「中くらいの

 用語の説明

「問題の大きさ」とは何か？
大きな問題か、小さな問題か？
（子どもが自分の経験している問題の大きさを測るにあたっては、両方の質問をする）

大きな問題
（多くの人が、なかなか簡単に、あるいは迅速に、気楽に解決できない問題）

中くらいの問題
（1時間以内から数日中には解決できそうな問題）

小さな問題
（1～2人程度の人に影響を及ぼし、無視できるもの、または数分以内に解決できるような問題）

---

[6] 問題の大きさを学習するこの方法は、ミッシェル・ガルシア・ウィナーの許可の下、『Think Social!』(2005)のP.44～46に紹介された内容を編集して使わせていただいた。www.socialthinking.com（英語版）

問題」、1と2の数字の横には「みんなが小さな問題だと感じる」と書く。
- 予定を板書する。
  1．導入
  2．「問題の大きさ」のアクティビティー
  3．まとめ

✅ 導入

　子どもに「みんなが何らかのグループ活動（一緒に課題に取り組んだり、遊んだりするなど）を行った時、もし私たちが『ああ、そんなの小さい問題ね』とか『軽いトラブルだね』などと言ったらみんなは腹を立てるかもしれない」ことを説明する。時々、特有のものをほしがったり望んだりする子どもがいる（例：色のついたゲームのコマ、与えられる課題、最初に自分を選んでほしいなど）。また、周りの人とはちがう方法で何かを行おうと考える子どももいる。周りの人は取るに足らない小さな問題で、ただ無視できるようなことを、非常に大きな問題と捉える人がいるということを子どもに説明しよう。抱えている問題には、必ずさまざまな反応や感情、その大きさに応じた解決法がある。抱えている問題をみんなに共有し、その大きさについてみんなで話し合うよう子どもに指示しよう。

✅ アクティビティー

1. 「大きな問題、中くらいの問題、小さな問題」の概念を使って、何が自分にとって重要かを考えてみるよう子どもに伝える。大きな問題、中くらいの問題、小さな問題を、両手を使い、その間隔を変えながら表現する。
2. 何が問題を大きくしたり小さくしたりしているのかを考える。多くの人が最も大きな問題と言っているものの中には、そう簡単に、迅速に、気楽に解決できないものもある。さまざまなレベルの問題に、どのような感情が関係するか、大きな問題の時にはレッドゾーン、中くらいの問題の時にはイエローゾーン、小さな問題の時にはグリーンゾーン、または反応なしといった内容をみんなで話し合う。
3. 問題のレベルがちがってくることで、どれだけ状況も変わるかを話し合う。
　　ここで、竜巻などの自然災害の影響が数年続いたら？というような大きな問題を、長時間誰かと議論したら、身体的にも、悪影響が出る。状況にもよるが、ここではわかりやすく、中くらいの問題を例に挙げよう。たとえば、色のつ

いたゲームのコマがほしいのにもらえないといった小さな一時的な問題の場合は、ゲームが終わるやいなや、場合によってはゲームが始まった時点でその感情は収まるかもしれない。
4．いろいろな種類の問題について、みんなで意見を出し合おう。
一つひとつの問題の大きさが数字で表されたレベルのどこにあたるか、子どもに意見を出してもらう。レベル5に相当する問題の例としては、大きな地震やひどいけが、家族の死などである。レベル4の例としては、交通事故や保護者の入院など、レベル3は、きょうだいとの大げんか、学校での居残りや停学など、レベル2は、誰かが許可なしにあなたの物を持って行ったとか、休みたいと思う状況など、そして、レベル1の例としては、自分の座りたい色のマットの上に座れなかった、自分の順番が最後だった、失敗をした、などである。
5．子どもといっしょに問題の大きさを決める時、ワークシートⅤ「問題の大きさ──大きな問題と小さな問題」を子どもの人数分用意する。
板書したみんなの意見を、各自がワークシートに記録する。または、クラス全体で1部のワークシートⅤに記録し、あとで人数分コピーをするという方法もある。
6．どのようにして問題の大きさを決めるか、それがどのゾーンに当てはまるかをクラスで話し合う。
小さな問題であっても、子どもが大きな問題として捉えていて、レッドゾーンにいる感じがするのであれば、自分をコントロールして、望まれる行動をとる必要が出てくるだろう。
7．ワークシートR「ゾーンに対応するツール」を使って、問題の大きさを考えながら、どのゾーンとマッチするかを子どもに答えさせることによって、子どもは自分をコントロールしやすくなる。

✅ まとめ

自分の気持ちについて、子どもと一緒に話し合おう。
・小さい、または一時的な問題であったとしても、あなたがレッドゾーンに入るような気持ちになった時、どんなことがおこりますか？　たとえば、あなたが授業中に何か間違えたことで、レッドゾーンに入ってイライラしてしまい、ワークシートを破って、荒々しく部屋を出ていった、といったような状況です。
・もしワークシートⅤ「問題の大きさ」をツールとして使おうと思っているのなら、

指導者の方へ

　子どものニーズに合わせて、子どもに話す例は、調節しよう。

　起きている問題が、直接自分に関わりのないものである場合（他の国で起きた地震など）、問題に対する関わり方が難しいと感じる子どももいる。もし、子どもが世界や社会レベルの問題に目を向けることが難しい場合、子どもにとって意味があり、子どもの生活に応用できるような例を示すことを心がけよう。

それが結果をどのように変えてくれるでしょう（すぐに元に戻るか、または課題を終わらないままか、そしてうまく勉強を終えられるか）？

　子どもが時間通りにワークシートを終えることにこだわらず、またゲームで遊ぶなどの逃避行動に走らないよう（子どもにとって最も適切と思われる状況の下で）、ゆっくり時間を取って、子どもの心の反応を理解することを目標にする。ワークシートⅤ「問題の大きさ」は、子どものZONESファイルの中のワークシートR「ゾーンに対応するツール」と一緒に入れておくよう指示する。

✅ 学んだことを定着させる方法

- ワークシートⅤ「問題の大きさ」を子どもたちが見ることのできる大きさにして掲示し、子どもが身近な人と一緒にそれを見ながらそこに書かれた絵や言葉を学習する。

- ここでのアクティビティーは、問題の大きさに関する基本的な用語と、さまざまな状況で経験、予測する感情のレベルにどう自分が関わるかを理解するのに役立つ。

　問題は即時に起きることが多いので、子どもの理解やツールの使い方に対する判断をしっかり行うために、子どもとは問題の大きさに関する用語を一貫して使うようにする。子ども自身が経験している問題が、実際は大きくなくても、子どもが大きいと感じていることがわかったら、「病院に行く必要がありますか？」「救急車を呼んだ方がいい？」または「この問題を解決するのに何人の人が必要だと思う？」と尋ねながらフォローしていこう。

■ ワークシートV
　「問題の大きさ
　　―大きな問題 と 小さな問題」

■ ワークシートW 「問題の大きさレベル」

Chapter4　さあ、レースの動向はいかに!?　　125

心の中の指南者 と 心の中の批判者
物の考え方の練習

■ 用意するもの
□ ワークシートX「心の中の指南者」とワークシートY「心の中の批判者」を子どもに1部ずつ
□ それぞれの子どもがもっているワークシートR「ゾーンに対応するツール」

✅ 準備

- ワークシートX「心の中の指南者」とワークシートY「心の中の批判者」を子どもに1部ずつ
- 予定を板書する
  1. 導入
  2. 「心の中の指南者と心の中の批判者」のアクティビティー
  3. ワークシートを完成させる
  4. まとめ

✅ 導入

1. 誰もが心の中で話す時があることを子どもに説明する。熱いオーブンの中に入っているものを取ろうとした時、自分はどんなことを言いそうか、子どもに尋ねてみる。たいていの場合、「熱い」「気をつけて」「鍋つかみを使おう」といった反応なのではないだろうか。これらの台詞は、頭の中でつぶやいていればよいもので、大きな声で言う必要のないものだ。それを自己対話と呼ぶ。

2. このレッスンの目標とアクティビティーの内容を子どもに説明する。自己対話はたまに否定的な感じで使われ、それを心の中の批判者と呼ぶ。そしてこの授業では、心の中の批判者を、心の中の指南者と呼ばれるより肯定的な自己対話に置き換える練習をすることを話す。

用語の説明

心の中の指南者
（肯定的な考えを意味する）

心の中の批判者
（否定的で、自滅的な考えを意味する）

指導者の方へ

「ヒーロー」「自己敗北者」といった、肯定的、または否定的な考えを意味する他の言葉に置き換えて、子どもの理解を最大にする工夫をしよう。

✅ アクティビティー

1. 子どもにワークシートを1セットずつ配る。まずワークシートX「心の中の指南者」を使う。前向きな自己対話について理解してもらうために、私たちはみんな心の中の指南者をもっていて、それによって自分を励ましたり、難しい状況を切り抜けたりするということを説明する。

    心の中の指南者の声が聞こえてくる状況とはどのようなものがあるか、みんなで意見を出し合う。そして、子どもに「心の中の指南者」のワークシートに記入するよう指示する。自分でできない子どものためには、代筆をする必要があるかもしれない。

2. 心の中の指南者についてさらに理解を深めるために、心の中の批判者というものも存在することを説明しよう。これは「あなたはそんなことできない、試そうともしない」といった、私たちの頭の中に存在する否定的な考えのことを示す。心の中の批判者はどのようなことを言う存在か、みんなで考えを出し合おう。そして、ワークシートY「心の中の批判者」に記入する。

3. 話を聞いてくれる人がいるかどうか、力を行使することができるかどうかによって、自分の考えをコントロールしていることについて話し合おう。

4. ワークシートR「ゾーンに対応するツール」を使って、心の中の指南者が役に立つと思われるのはどのゾーンにいる時か、子どもに尋ねてみよう。

〔4-7歳の子ども向け（または、発達の遅れた子どものための補助的なアクティビティーとして）〕

　ワークシートを完成させるのではなく（または、小学生や中学生への追加アクティビティーとして）、子どもに自分たちの心の中の指南者と心の中の批判者についての絵を描かせて、それぞれに適当な名前をつけ、自己対話に対する理解を深める方法もある。漫画に出てくるような吹き出しを書いて、そこに心の中の指南者と心の中の批判者にあたるセリフを書かせ、肯定的な考えと否定的な考えがどのように自分たちに影響を及ぼすかの意識を高める。

✅ まとめ

　次のような質問をして、子どもの理解度を確かめよう。
- あなた自身を楽にするツールとして、どのように心の中の指南者を使うことがで

きますか？
・先週１週間を振り返って、心の中の指南者が役立ったと思いますか？自分で、心の中の指南者の声を聞いたら、あなたに対する周りの人の考え方に影響がありましたか？もしそうであれば、どのように？

　ワークシートX「心の中の指南者」ワークシートY「心の中の批判者」を、ワークシートR「ゾーンに対応するツール」とともに、ZONESファイルに保管しておく。

✓ 学んだことを定着させる方法

● あなたが子どもを観察していて、心の中の指南者の声を使うことで効果のありそうな時があったら、「こんな時、心の中で教えてくれる人はあなたを助けるためにどんなこと言うでしょう？」と尋ねてみよう。もし子どもが否定的で投げやりなことを言っているのを聞いたら、さりげなくその子どもに、自分の心の中の批判者に対してあまりに傾きすぎているようだと指摘しよう。そして、心の中の指南者について思い出すよう促す。

● 保護者や子どもと緊密に関わる人たちにも、ワークシートや用語についての情報を共有し、心の中の指南者について子どもに促してもらうよう協力を求める。

■ ワークシートX　　　　　■ ワークシートY

Superflex® の超柔軟な考え方と Rock Brain© の石頭的な考え方
物の考え方を学習するアクティビティー[7]

■ 用意するもの
☐ スポンジ、またはウレタンフォーム（ベッドのマットを売っているお店や工場などで、切れ端をくれることもある）
☐ ガムテープ
☐ マジックペン
☐ それぞれの子どもが持っているワークシートR「ゾーンに対応するツール」
☐ 『Superflex Takes on Rock Brain and The Team of Unthinkables: A New Beginning of comic book「Rock Brain© と Team of Unthinkables© は Superflex® にお任せ、漫画の新たな始まり」』という漫画の本を1冊（もしあれば）
☐ 『Superflex® … A Superhero Social Thinking® Curriculum（Superflex® …スーパーヒーローの Social Thinking® を学ぶカリキュラム）の本』（もしあれば）

✅ あらまし

このカリキュラムは、小学生を対象に教えるのが一番である。物事を考えるレベルが比較的高い幼稚園児や、少し発達が遅れている中学生に用いてもよい。もっと年齢の高い子どもたちと柔軟な考え方、柔軟ではない考え方について話し合う際は、「Superflex®（スーパーフレックス）と Rock Brain©（ロックブレイン）」というキャラクターを用いずに教えるとよいだろう。

図11）Superflex®

Social Thinking 出版の許可の下、複製

図12）Rock Brain©

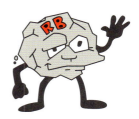

Social Thinking 出版の許可の下、複製

 用語の説明

超柔軟な考え方
（行動を起こす上で、異なる見方や方法を考慮することができる超柔軟な考え方のこと）

石頭的な考え方
（行動を起こす上で1つの考え方に縛られ、他の見方や方法を考慮することのできない柔軟性のない考え方のこと）

小学生くらいなら、ステファニー・マドリゲルとミッシェル・ガルシア・ウィナー著の「Superflex® … A Superhero Social Thinking® Curriculum（Superflex® …スーパーヒーローの Social Thinking® を学ぶカリキュラム）」に書かれている概念を使って、柔軟ではない状態を簡単

---

[7] 「超柔軟な考え方と石頭的な考え方」の学習内容は、マドリガル氏とウィナー氏の「Superflex® … A Superhero Social Thinking® Curriculum（Superflex® …スーパーヒーローの Social Thinking® を学ぶカリキュラム）」(2008) のP.20〜37の内容を、許可の下、編集して作成させていただいた。

に関連づけたり表現したりすることができる。Superflex® は連続したカリキュラムであるが、柔軟ではない考えに目を向け、自分の行動をコントロールするためには、どのようにしてスーパーフレックスの概念を、1つのツールとして、ZONESの考え方に生かせるかを学ぶことができるようになっている。スーパーフレックスのカリキュラムは、子どもがSocial Thinking®について理解するのに役立つ、とても有効な方法であるので、是非一度カリキュラム全体をご覧いただきたい。

　スーパーフレックスのカリキュラムは、スーパーヒーローであるSuperflex®が我々みんなの中に存在することを前提に作られている。Superflex®は、私たちの頭の中に入っきて、私たちを思わぬ行動に導こうとするTeam of Unthinkables©（困った軍団）をいつも打倒しようとしてくれる。Team of Unthinkables©には、子どもが理解しやすいよう、社会的に受け入れられない、困った行動をとる漫画のキャラクターがいろいろ出てくる。Glassmanというキャラクターは、爆発したかのような激しい反応を示し、Mean Jeanは人に対して失礼なことを言う。Energy Harryは、エネルギーがあり余っていて、Brain Eater©は、ふさわしい考え方を邪魔するキャラクターである。他にもいくつかのキャラクターが登場する。子どもがTeam of Unthinkables©について学ぶにつれ、それぞれのキャラクターがどのゾーンに当てはまるか、質問してみよう。子どもは、どの登場人物があり得ない軍団にいるかの理解を高め、自分がスーパーフレックスの考え方を用いることによって、Team of Unthinkables©をやっつける方法を学ぶ。

✓ 準備

- Superflex® とRock Brain©のキャラクター（図11と図12）を参考にしながら、
    - スポンジかウレタンフォームの上に、マジックペンでSuperflex® の絵を描く。
    - ガムテープを丸めて、硬い石のようなものを作る。マジックペンで、Rock Brain©の絵を描く。
- 予定を板書する。
    1．導入
    2．「Superflex®」のアクティビティー
    3．まとめ

✅ 導入

　ここでは、柔軟性に欠ける考え方にはどのようなものがあるかを学び、自分の考えが何か1つのことに縛られた結果、イエローやブルー、レッドのゾーンに入る可能性があることをより認識できるようになるための練習を行うことを説明する。超柔軟な考えは、私たちが何かをしようした時に、絶えず頭の中に入ってきて、1つの考えや方法に固執させ、他の選択肢を考慮させようとしない石頭的な考えを絶えず打ち負かそうとする。石頭的な考えをすると、私たちはいとも簡単に自分をコントロールしにくい状況に陥ってしまう。

✅ アクティビティー

1. 子どもに、架空のスーパーヒーロー「Superflex®」は私たちみんなの中にいることを説明する。
あなたがスポンジなどで作ったSuperflex®を使って、このキャラクターはどれだけ柔軟性をもっていて、適応力があるかを見せよう（もしスポンジを使うのであれば、最初に十分湿らせてカチカチでないことを確認しておこう）。みんなの頭もこれに似て柔軟性をもっていることを説明しながら、順番に子どもにこのキャラクターを触らせてみる。「考えを変え」たり、その他いくつかの選択肢を考慮したりする時、私たちの頭はどれだけ柔軟性を見せるか、みんなで話し合ってみよう。
2. ガムテープで作った、石頭のキャラクターRock Brain©は私たちの頭に侵入し、私たちが何かをする時、私たちを1つの考えや方法に縛りつけようとすることを説明する。
Rock Brain©を順に子どもに触らせて、それを、曲げたり、自由自在に扱えるか尋ねてみよう。そして、もし、みんなが石頭的な考え方をしたら、どんなことが起きるか、続けて話し合おう。石頭でいることで、どのようなゾーンに入るだろうか？
3. Rock Brain©のキャラクターで、Superflex®を押し潰そうとするが、Superflex®の方が強く、いつも跳ね返ってきてRock Brain©を負かす（腕を広げてSuperflex®のキャラクターを離す）様子を示す。
Superflex®に注目し、Rock Brain©を負かすために、自分たちのゾーンをコントロールするために考え方を変えることができそうか、子どもと一緒に話し

合う。超柔軟な考え方を使うのはどのような時かを話し合うことは、子どもにとって大変意味がある。
4．子どもがSuperflex® とRock Brain© の考え方を一旦理解したら、みんなのゾーンを変えるのに役立つ別の方法についても考えてみる。
5．スーパーフレックスの考え方が役立ったのはどのゾーンかを子どもと振り返り、その内容をワークシートR「ゾーンに対応するツール」に記入する。

✓ まとめ

　子どもに次のような質問をし、その答えを聞いて、子どもの理解度を判断しよう。
・石頭的な考え方はどのような時に出てきましたか？
・そのときは、どのようなことが起こって、周りの人たちにどんな影響がありましたか？
・もし、そのとき、超柔軟な考え方で行ったら、どのようなことが起こったでしょう？
・そのことで、周りの人たちがあなたに対して思うこと、感じることにどのようなちがいが生まれたでしょう？
・超柔軟な考え方を用いることで、あなたのゾーンにどのような影響がありましたか？

　ワークシートR「ゾーンに対応するツール」や超柔軟な考え方に関する教材を、自分のZONESファイルに入れるよう子どもに指示する。

✓ 学んだことを定着させる方法

- 超柔軟な考え方と石頭的な考えについて子どもが一旦理解したら、自分をコントロールするために、超柔軟な考え方をするのはどのような時か考えよう。また、子どもが石頭的な考え方をして、子どものゾーンに影響が出ていると、あなたが気づいた時は、子どもにそのことを伝えよう。自分をコントロールするためには、柔軟な考えや自分をコントロールするためのツールを使い、Rock Brain© を打ち負かすSuperflex® の登場を要請するよう子どもに指示しよう。子どもの心の繊細さを考慮して、子どもが冷静になっていることを確認してから、この内容の学習に入るのが一番よいだろう。
- 子どもを身近で世話をしている人たちともこの学習の概念や用語を共有し、自宅や地域でも、このことが十分に学べる環境を作ろう。

習得状況を見る方法

本章で紹介したアクティビティーに対する子どもの習得度や理解の度合いを確かめるのに、次のような方法がある。

- 自分をコントロールするツールについて初めて学んだとき、または、おさらいをしたときに、子どもがどのくらい興味をもって参加していたかを判断する。これはあなたの観察による主観的な判断でよい。

- 自分をコントロールするツールが、どのゾーンで役に立ったかという子どもの見方が、あなたの見解と一致しているかどうか確認しよう。これは、子どもが実際にツールを使っている様子とワークシートR「ゾーンに対応するツール」に記入した内容を読んだり、子どもと実際に話をしたりして主観的に評価することができる。

Chapter 5

ゴールはすぐそこ！
心を立て直すツールを使ったり、応用したりするタイミングを知る

　この章で紹介するレッスンでは、自分の緊張の度合いや気持ちを変えるために、第4章で学んだ自分をコントロールするツールを実際にどのように使っていくかを学習する。子どもには、自分の目標に到達することで、周囲からの期待に応え、充足した気持ちになるために、自分をコントロールする能力があることを知ってほしい。また、より上手に問題を解決する術を学ぶことにも焦点を当てる。

✅ 本章の目的

　本章の内容をすべて学習し終える頃には、子どもは次のようなことを習得していることが期待できる。

- 自分をコントロールするためにツールを使い分けることができる。
（レッスン13、14、15、16、17、18）
- 自分をコントロールするためのツールを使うタイミングを見極める。
（レッスン14、15）
- 出会った問題に対する好ましい解決の仕方。（レッスン15、16、17）
- 自分をコントロールするためのツールを使うことで、自分に対してどのような前向きな影響があるかを理解する。（レッスン14、15、16、17、18）

本章では、子どもは次のような本質的な疑問に対する答えを考える。
- 自分の身体や心をコントロールする術を学ぶことで、自分が自宅や学校でうまくいくかどうかにどのように影響するか？
- 自分の感情を理解することは、自分の行動をコントロールする方法を知る上でどう役立つか？
- 自分をコントロールする方法を使うことで、周りにいる人たちの考えや感情にどのように影響を及ぼすか？

レッスン13
ツールボックス

✓ あらまし

　ここでは、前章で試してみた自分をコントロールするためのツールを、ワークシートZ「ツールボックス」に整理することを学ぶ。そのような自分専用のわかりやすい資料を持っておくことによって、子どもは簡単に参考にし、実行することができる。

✓ 準備

- 4-7歳の子どもには、ワークシートAA「ゾーンに対応するツールボックスの中身」に描かれたそれぞれの絵を切り離しておく。
- 子ども用のワークシートを必要枚数コピーしておく。
- 予定を板書する。
  1. 導入
  2. ツールボックスを作るアクティビティー
  3. まとめ

✓ 導入（全年齢層対象）

1. 次のような内容を子どもに尋ねる。
   - 何のためにツールボックスを使いますか？
   - 何のためにツールを使いますか？
   - ツールボックスの中にいろいろなツールを持っていることがなぜ大切なのでしょう？
2. ツールボックスの概念を説明し、それが自分のゾーンや気持ちのコントロールに関係するものであるこ

■授業目標
- 子どもは、自分のゾーンを変えたりコントロールしたりするさまざまな方法を取り入れてよいのだということを理解する。

■用意するもの
〔4-7歳の子ども向け〕
☐ ワークシートAA「ゾーンに対応するツールボックスの中身」を子どもに1部ずつ
☐ 各自が持っているワークシートR「ゾーンに対応するツール」
☐ ワークシートBB「私の各ゾーンに対応するツール」と、もし可能であればレッスン6で作ったワークシートL「私のゾーン」の資料
〔8歳以上の子ども向け〕
☐ ワークシートZ「ツールボックス」のコピーを子どもに1部ずつ
☐ 各自が持っているワークシートR「ゾーンに対応するツール」

 指導者の方へ

　各ツールを分類する上で理解力や認知度が低い子どもがいたら、その子どもに合わせて、ツールを追加しよう。できあがったものは子ども自身の選択ボードとして、子どもが自身をコントロールする必要のあるゾーンにいる時に、差し出すとよい。

とを説明する。

　みんなが自分の問題を解決したり、自分のゾーンをコントロールする時に使えるよう、みんなのツールボックスをツールでいっぱいにしましょう。
　ブルーゾーンにいる時には、みんなを目覚めさせてくれたり、気分をよくしてくれたりするものがあるでしょう。また、レッドやイエローゾーンにいる時には、自分の心を静め、自分を調節しやすくするためのツールがあるでしょう。また、みんながより元気でいられるためのツールは、グリーンゾーン用と呼べるかもしれませんね。ツールボックスをツールでいっぱいにしたいのはどういう理由からでしょう？

✅ アクティビティー（全年齢層対象）

　ワークシートR「ゾーンに対応するツール」を使いながら、各ゾーンに使えるツールを決定したら、それを視覚的にわかりやすくまとめていく。各ツールは、ツールボックスに入れる前に、何度か練習しておくことをすすめる。そうすることによって、各ツールが気持ちを静めるためのものなのか、それとも注意力・集中力を高めるためのものなのかを子どもが正確に把握しておくことができる。

〔4－7歳の子ども向け〕

1．ワークシートAA「ゾーンに対応するツールボックスの中身」に描かれた絵を、役に立つと思われる（または指導者がそう考える）ゾーンのところにのりで貼る。
　レッスン6で作ったワークシートL「私のゾーン」にゾーン別のツールを書き加える。さらに、ワークシートBB「私の各ゾーンに対応するツール」の各ゾーンの部分に記入する。
　まずは、ワークシートAA「ゾーンに対応するツールボックスの中身」を使って、自分の心を静めるツールか、注意力・集中力を高めるツールかを探ってみることから始める。子どものツールボックスを、より一層本人のニーズに合うようにするために、インターネットで見つけた写真や画像を使うのもよい。

2．子どものツールボックスを机の近くや子ども部屋のドア、子どもがいつも持ち歩くファイルやノートの上など、いつでも手軽に見ることのできる場所に貼っておく。

〔8歳以上の子ども向け〕

- ワークシートAA「ゾーンに対応するツール」から、ブルーゾーン用のツールを取り出して、ツールボックスのブルーゾーンのところに移す。続けて、グリーン、イエロー、レッドと同じ作業を行う。他にも役立ちそうなツールがあったら、積極的に増やしていくよう子どもに促す。
- 子どもに、ツールボックスをどこに貼ったら便利かを尋ねる（学校の自分用のロッカーのドア、自分のノートや手帳の内側など）

✓ このアクティビティーの取り入れ方

　もし、字を書けない子どもがいる場合は、代筆が必要かもしれない。認知的な障害によって、ツールボックスの概念を理解できない子どももいるかもしれないが、自分の気持ちを静める方法があることを知り、自分自身をコントロールしにくくなった時に、このようなわかりやすい対応に従っていく視覚的な資料が用意されていることは必要である。

　ワークシートにあらかじめ含まれている画像を使わず、子どもが実際に使っているものの写真を使うのもよい。たとえば、気持ちの落ち着く部屋の隅や、子どもが手軽に自分の感覚を落ち着かせることのできるもの（トランポリンなど）、気持ちを静めるツールとして日頃から用いていること（ヨガのポーズなど）の写真を、ワークシートL「私のゾーン」の各ゾーンに貼りつけるとよい。そのとき、のりのベタつきを不快に感じる子どもは、あなたに貼ってもらいたいと思うかもしれない。また、子どもの代わりに字を書いてやる方が手っ取り早い、必要と感じる場合もあることを頭に入れておこう。

✓ まとめ

　問題や状況がちがうと、そのためのツールが必要になることがあるので、ツールボックスには、いろいろ選べるよう、ツールでいっぱいにしておくことが必要であると子どもに説明しよう。最初はツールを間違えて選んでしまうこともあるが、最適なツールが見つかるまで、何度も試してよいことを子どもに話しておく。

　次のような質問を元にクラスで話し合いをし、子どもの理解度を確かめよう
・今日話し合ったようなツールを使うことがなぜ大切なのですか？

- あなたがツールボックスに入れたイエローゾーン用のツールの中の１つを選んで、どのように使うか説明してみてください。
- あなたがツールを使ったときと、ゾーンをコントロールしないときを比べると、あなたが周りの人に与える印象はどうちがってくるでしょう？

　自分のツールを使えば使うほど、自分をコントロールする機会が増え、周りの人とよりうまく関われるようになり、学校の勉強もうまくいくようになると、子どもたちに説明しよう。子どもには、自分のZONESファイルの中にあるツールボックスのワークシートのコピーを取っておくこと、必要な時はツールボックスをのぞくことを勧めよう。

✓ 学んだことを定着させる方法

- 子どもの目につくところに、子どものツールボックスを貼っておく。
- それぞれの子どものワークシートZ「ツールボックス」のコピーを家にもって帰らせて、自宅でも家族と一緒に使うことを推奨する。子どもと密接に関わる人たちにも配る。
- もし、子どもが机の上でゾーンの確認パラパラブック（P.100）を使っているのであれば、さっと見ることができるよう、各ゾーン用のツールをその中にも貼っておくとよい。

■ ワークシート Z
「ツールボックス」

■ ワークシート AA
「ゾーンに対応する
ツールボックスの
中身」

■ ワークシート BB
「私の各ゾーンに対応
するツール」

レッスン14
イエローゾーン用のツールを使う時

Lesson 14

■授業目標
- 子どもにとって、イエローゾーンとはどのような感じなのかを考える。
- 自分をコントロールするタイミングと、どのようなツールが必要かについて、子どもが認識する。
- 自分をコントロールすることが上手になればなるほど、人づきあいでも、勉強でも、成功体験が多くなることを子どもが理解する。

■用意するもの
- ☐ ワークシートCC「私がイエローゾーンのツールを使う時」を子どもに1部ずつ
- ☐ ペン、またはえんぴつを子どもに1本ずつ
- ☐ ロールプレイの台本
- ☐ 4色のゾーンカラーのホワイトボード用ペン、またはチョーク

✓ あらまし

ここでは、子どもがロールプレイに参加して、イエローゾーン用のツールを使うべきときを学んでワークシートを完成させる。

子どもは、自分をコントロールしにくくなる、早期の兆候に気づくことが大切である（頬が赤らむ、歯を食いしばるなど）。感情がより激しい状況に変わり、興奮状態になる前に、自分をコントロールすることが重要である。多くの人は、感情が変化することを意識する前に、気持ちが高まっていることを示す身体の兆候に気づく。そのような理由から、イエローゾーンがどのような状態かを、子どもが考え、自分を観察していくことが必要である。

「いきなりグリーンゾーンからレッドゾーンに変わってしまった」という言葉を、指導者や子どもを身近で世話をする人たちから聞くことが多い。しかし、子どもがイエローゾーンにいる時にどのようなことを考えればよいかを学んでいれば、自分をコントロールするツールを使うのがもっと大変になる、レッドゾーンに入る前に、自分をキャッチできる機会がより増える。

✓ 準備

- ワークシートCC「私がイエローゾーンのツールを使う時」を、子どもに1部ずつ用意する。
- 黒板にワークシートCC「私がイエローゾーンのツールを使う時」（ただし、「止まれの標識」のないもの）を貼る。

- 予定を板書する。
  1．導入
  2．「私がイエローゾーンのツールを使う時」のワークシート
  3．ロールプレイ
  4．まとめ

✓ 導入

1．このレッスンの目標を子どもに説明する。
   黒板に貼ったワークシートのグラフを参考にしながら、子どもに各自のワークシートを確認するよう伝える。そこに書かれた内容が、今日のみんなのゾーンであるとして、授業を進めることを説明する。
   レッドゾーンとイエローゾーンにいる場合は、どのような種類の（気持ちを静める、または高める）ツールを使えばよいか、子どもに尋ねる。
   通常、レッドやイエローゾーンにいる時には、気持ちを静める対応をとることを、また、ブルーゾーンにいる時には、気持ちを高める対応をとることを繰り返し質問し確かめる。
2．レッドゾーンの頂上部分を指差し、ここで初めてツールを使うべきだと思うか、子どもに尋ねる。
   ちょっと訝しげな表情を浮かべながら、イエローゾーンが始まるところを指して、もう一度質問をする。ツールを使うのに、レッドゾーンの頂上に到達するまで待ちたくないことを子どもに話す。イエローゾーンに移っていきそうだと感じたら、気持ちを静めるツールを使うのはすぐにやめることが大切だと強調しよう。ボードに貼ったイエローゾーンの始まりの部分に「止まれ」のマークを描く。
3．子どもが、イエローゾーンに入るやいなや、イエローゾーン用のツールを使うといった内容の台本を紹介する。そして、誰か子どもに前に出てきてもらい、その台本に書かれた内容を自分に置き換え、図の中に描かれた線を修正してもらう（その線は、イエローゾーンから元のグリーンゾーンに戻っているはずだ）。他の子どもは自分自身のワークシートを使って、同じことを行う。
4．子どもに次のような質問をし、みんなで話し合う
   このお話に出てくる子どもが、イエローゾーンに入ってすぐに自分の気持ちをコントロールするツールを使ったら、その子どもの1日はどうなっていたで

しょう？

　この質問に対する答えを子どもが話し合っている間、自分をコントロールすることに対して子どもがどの程度わかっているか、よく観察しよう。イエローゾーン用のツールを使うことで、レッドゾーンに入るのを避けられることを強調しよう。イエローゾーンに入っている時の自分を思い出しながら、ワークシートを最後まで記入するよう指示する。必要な子どもには、代筆をすることも考慮しよう。もしなかなか思い出せない子どもがいたら、ワークシートL「私のゾーン」にあるイエローゾーンの絵を参考にするよう指導する。子どもが仕上げたワークシートを通して、子どもの習得度を判断する。

✅ アクティビティー

1．イエローゾーンにいる時、どのタイミングでどのようにしてツールを使うかを理解するために、みんなでロールプレイに挑戦することを説明する。
   - まず、台本に書かれた通り、または実際に子どもが経験したことのある状況に沿って、物事が前向きな形で終わらなかった時のことを演じてもらう。
   - 次に、イエローゾーン用のツールをいつ使うのが一番よいか、そしてどのツールを使うとゾーンをコントロールできそうかをグループで話し合う。
   - 最後に、もう１度ロールプレイをするが、今度はイエローゾーン用のツールを使うことを決めたという前提で演じてもらう。

     指導者の方へ：子どものグループの大きさにもよるが、子どもが順番に２回のロールプレイに参加できるようにしよう。見学をしている子どもは、動画を撮る側に回って、演じている子どもが、後でそれを見ながら、どのツールをどのタイミングで使うかを振り返るという方法もある。

2．次のような台本に合わせて、演じる子どもを指名する
   - あなたは一番苦手な授業を受けています。先生が授業をしている時、他の子どもが大きな音を出しているため、あなたはとても気が散っています。何が起きているのか気づく前に、あなたは、先生に教科書の正しいページを開いていないことを注意されます。あなたは、教科書を開きますが、そのページのどこを見てよいのかわかりません。そして、先生は、あなたの答えを、みんなに発表するよう言いますが、答えがわからず、教科書をば

たんと閉じ、教室を出て行きます。
- あなたは、体育の授業で、友だちと一緒にバスケットボールをしています。ボールをもってゴールを決めようとしているのに、友だちの1人にトラベリングだ（ボールを持って3歩以上歩いた）と非難されました。あなた自身はそんなことをしていないと思っているし、腹が立ったので、「嘘つき」とその友だちに言い返します。次のゲームで、その友だちがボールをもってゴールシュートしようとした時、あなたがそれをブロックします。友だちは、あなたのことを非難し、突き飛ばし、取っ組み合いになりました。その結果、2人ともが校長室に呼ばれることになりました。
- 今日は金曜日で、放課後に友だちの家に泊まりに行くので、あなたはワクワクしています。時間が経つにつれ、あなたは落ち着きがなくなり、授業に集中できなくなってきました。国語の読解の時間、静かに本を読むどころか、隣の友だちとおしゃべりを始めます。先生が「まじめに本を読みなさい」と注意しますが、あなたは集中できません。あなたは立ち上がり、えんぴつを削りに行きます。すると、先生がまた席に戻って本を読むよう注意します。あなたは本を再び読み始めますが、ページの最後まで読んだと思っても、内容が全く頭に入りません。何度も同じところを読むのですが、集中できません。先生が、本を読むのを止めてワークシートに移り、本に関する質問に答えるよう指示します。あなたは友だちに手伝ってほしいと頼みますが、無視されます。先生は子どもたちに、そのワークシートを提出するよう指示しますが、あなたは何も書けないままでした。
- あなたは、クラスの友だちからゲームに誘われます。そのゲームには4色のコマがあり、あなたは赤のコマが手に入るかどうか心配になってきました。残念なことに、他の友だちが先に赤のコマを手に入れました。赤はあなたのお気に入りの色で、自分の色でもあるので、あなたはだんだんとてもイライラしてきました。そしてつい「赤は僕の色だ！」と言ってしまいます。その友だちは「赤は僕の色だ。僕が最初にもらったんだ」と言い返します。あなたは怒りが抑えられず、そこから出て行きます。
- あなたは友だちと組んで、理科のプロジェクトに取り組んでいます。理科は、あなたの得意科目で、何をするのかきちんとわかっています。しかし、その友だちも自分なりの考えがあることをあなたに言い続けます。あなたはそれを聞かず、友だちに強い口調で「私だってどうするかがわかってるんだから」と言い続けます。二人とも、お互いに対してだんだんイライラ

してくるのですが、あなたはふと自分が間違っていたことに気づきます。その友だちは「だから言ったでしょう！」と鋭く言い放ちます。あなたは、もしその友だちが黙って自分のやりたいようにさせてくれていたら、私は間違えなかったと叫び返します。

- あなたはLegos®（レゴブロック）で、ここ数日にわたり、ずっと取り組んできた大きな建物を作っています。弟がやってきて、一緒に遊びたいと言います。あなたは嫌だったけれど、親御さんが一緒に遊んであげなさいと言います。あなたがデザインしたその建物に、弟が何か加えようとした時、ブロックが崩れ始めます。あなたは、弟に対してとても腹が立ち、「いつも僕のやっていることに邪魔をする！　僕のレゴブロックにはもう一切手を触れさせない！」と怒鳴ります。

3．ロールプレイをする中で、気持ちや行動が雪だるま式にエスカレートする前に、イエローゾーンのツールを早めに使うことに意味があるということを、子どもが理解しているかどうかを判断する。

✅ このレッスンの取り入れ方

もしロールプレイができない子どもがいる場合は、自分の気持ちをコントロールすることに苦労している子どもを描いた動画・画像を見せるという方法がある。登場人物が自分の気持ちをコントロールするのに使ったツールが適切かどうか、子どもに話し合わせてみよう。

 指導者の方へ

子どもが落ち着いている時に、ツールを使う練習をする段階から、イエローやレッドのゾーンにいる時に、実際にツールを使う段階に移る過程は、子どもによって非常に差があるだろう。すぐに、ツールを使い始める子どももいれば、声かけや型作りを継続しながら、何週間も何か月もかかって、やっとツールを取り入れようとする子どももいる。子どもには、絶えず励ましと理解を示すことを忘れないようにしよう。自分の気持ちをコントロールすることは、一生涯にわたって必要で、大人でさえも自分を向上させるために常に努力していることを子どもに話そう。

✅ まとめ

レッスンの内容が子どもにとってより意味のあるものになるよう、子どもに、次の週のどこかで授業で自分たちのゾーンをコントロールするためのツールを実際に使ってみようと伝えておく。みんなにそのタイミングが来た時には、指導者に教えてほしいということ、そして必ずしもツールを使わなくてもよいが、使った方がより効果であることをしっかり伝えておこう！

子どもは自分がコントロールしにくくなっていること

を予測できないことが多いので、ツールを使うことも考えつかないだろう。ツールを使おうとしなかったことや、そのような機会があったこと自体を否定するのではなく、ツールを使う機会を見込んで行動するよう子どもを指導する。子どもとの会話を通して、授業で習った内容を、子どもが実際の生活の中で効果的に取り入れる力がついているかどうか評価しよう。子どもに、ワークシートCC「私がイエローゾーンのツールを使う時」のワークシートを各自のファイルに保管させる。

✅ 学んだことを定着させる方法

ツールを使えると思う状況を子どもがわかってきたら、その週の予定を立てさせ、翌週には自分をコントロールするツールを使ってみることを促す。自分が使ってみたいツールと、それを使えそうな状況について、子どもの考えを共有してもらう。

✅ レッスン14に関する追加のアクティビティー

〔イエローとレッドのゾーンに関するソーシャル・ストーリー
（4−7歳の子ども向け）〕

ソーシャル・ストーリー（Gray 2010）、または視覚的補助（図13）を作り、子どもがさまざまな状況の中で、ゾーンに対応するツールを使い、自分の気持ちをコントロールしやすくする手助けをしよう。そして、子どもがその内容に慣れていくよう、毎日子どもの様子をチェックする。

どのツールを使えば気持ちを落ち着かせたり、高めたりできるか、目標とするゾーンにいる時、子どもはどのように見え、どのような気持ちを抱くかを含めて、子どもに合ったサポートを考え、実践するようにしよう。

視覚的な補助は、非言語の合図として、子どもがイエローやレッドのゾーンにいる時、健全な判断ができるよう導く方法として利用することができる。また、子どもの行動を導く地図（マップ）のような役割としても使える。

「私が＿＿＿＿＿＿＿と感じる時、私は立ち止まって、自分の身体を静める必要があります。そこで私は＿＿＿＿＿＿を試してみます。そうすれば、きっと私は落ち着くことがで

きるでしょう。」

〔周りの人に受け入れられる行動チェックとゾーンのツール（8歳以上の子ども向け）〕

　自分の行動によって、周りの人がどう感じ、どう考え、どう反応するかを理解するのに、周りの人に受け入れられる行動チェック（以下、行動チェック）（Social Behavior Map: SBM, Winner、2007）を作ることについては、本書のレッスン5で簡単に述べた。また、子どものゾーンは行動チェックを完成させる時に、状況の1つの要素として表すことができることも、レッスン5で簡単に触れた。ZONESのカリキュラムにおいては、**各ゾーンは人間として誰もが経験するもので、全部のゾーンを経験することはい**

私がイエローゾーンにいる時、こんな気持ちになります…

 　ここで一旦止まって　　私の身体を落ち着ける必要があります　

私は、こんな方法で身体を落ち着かせます

そうすると、私は大丈夫で安全だと感じます　

そして、さっきよりよい気分になれます　

図13）イエローゾーンのツールを使いこなすために

たって普通で問題ないことだという考え方をする。各ゾーンの中で自分の行動をどのようにコントロールするか、このカリキュラムは、この問題を解決することを学ぶために存在する。特定の状況下で、特定のゾーンにいる時に、望ましい行動を取れるようにするために、ZONESのカリキュラムをしっかり活用しながら、役立つツールを自ら使うことを学ぶ。子どもはワークシートK「周りの人に受け入れられる行動チェック」の3番の欄の中に、自分のツールを書き入れていく。子どもがある状況で使おうとしていたツールを実際に使う時、自分の気持ちをコントロールするという目的を果たし、自分の実行能力を向上させることができる。

■ ワークシートZ 「私がイエローゾーンのツールを使う時」

レッスン15
立ち止まって、ツールを使う

Lesson 15

■授業目標
・日常生活の中で、どのような時にゾーンに対応するツールを使うか、子どもが理解できるようになる。
・子どもは、自分がいるゾーンに基づいて、適切なツールを選ぶことができるようになる。

■用意するもの
□ワークシートN「1日の私のゾーン」を子どもに1部ずつ
□ワークシートDD「立ち止まってツールを使う:止まれの標識」
□はさみ または カッター
□のり
□ゾーンカラーのクレヨン、または色えんぴつ、カラーペンを人数分
□ゾーンカラーのホワイトボード用のペン、またはチョーク

✓ あらまし

　このレッスンでは、立ち止まって考え、自分に起きていることに関係のあるツールを使うタイミングを引き続き考えていく。

　ワークシートN「1日の私のゾーン」を使い、その日について、一旦立ち止まって考え、ツールを使えばよかったと思うタイミングのところに「止まれの標識」を貼っていく。それぞれのタイミングで、どのツールが最も効果的であったかということもあわせて考える。

　このようなアクティビティーを行うことによって、もし自分の気持ちをコントロールするツールを使っていれば、その日がどれだけちがっていたか、子どもは理解するようになる。

✓ 準備

● ワークシートN「1日の私のゾーン」を子どもに1部ずつ。
　もし必要であれば、子どもが書き写せるよう、今日のスケジュールを用意するか、ワークシートの下の部分に子どものスケジュールを書き込んでおく。
● 「止まれの標識」を切り取っておき、ワークシートといっしょに、「止まれの標識」を何枚かずつ子どもに配る。
● 書き込みされていない「1日の私のゾーン」の内容を黒板上に書き写すか、プロジェクターで映す。
● 予定を板書する。

1. 導入

2．「1日の私のゾーン」と「止まれの標識」を使ったアクティビティー
3．まとめ

✅ 導入

- 子どもに、毎日の生活の中で、より多くのツールを使いこなせるようになる方法を学ぶことを伝える。レッスンの目標を共有し、次のような質問をしてみよう。
  ゾーンに対応したツールをどこで使うかを学ぶことは、なぜ大切なのでしょう？

✅ アクティビティー

1．レッスン8で使ったワークシートN「1日の私のゾーン」を使い、グラフの記入の仕方を子どもに伝える。みんなの行動が予期せぬものになってしまったときに、一旦立ち止まってゾーンに対応するツールを使うことができたであろうと思われる最初の場面に、「止まれの標識」を置くよう子どもに指示する。「止まれの標識」を貼り付ける前に、その場所が正しいかどうか確認する。
2．子どもが「止まれの標識」を置いたところでは、どのツールが効果を発揮したと思うか、子どもに尋ねる。また、ツールを使うことによって、状況や結果にどのようなちがいが出たと思うかについても子どもに尋ねる。
3．レッドゾーン、ブルーゾーン、グリーンゾーンまで含めて、他にツールを使えたと思う場面はないかを子どもに考えさせる。もしあるならば、どのツールを試せたか指導者に報告させる。子どもが気持ちを静めるツールと高めるツールを正しいゾーンで使えているかどうかを確認する。
4．子どもがワークシートの作業を終えた後、ツールの使い方は今まさに学習しているのだから、この何日間かを振り返り、子どもがツールを使えなかったとしても心配しなくてよいことを説明する。自分の気持ちをどのようにコントロールするかを、今みんなで一緒に学んでいることを話し、子どもを励ます。友だちがツールを使うのを促しながら、お互いに助け合い、決して友だちがツールを使う時にからかったりしないよう指導する。特に、イエローやレッドゾーンにいる時には、ツールを使うことを思い出すのは容易ではないと伝えよう。あなた（指導者）は、みんな（子ども）が、ツールを使えそうだった時に毎回きちんとツールを使うことを期待しているわけではないが、みんなが、日々、少しずつツールを使うことに慣れ、自分の気持ちが落ち着いたと感じ、友だちや

周りの大人と上手につきあい、学校でも前よりもうまくやっていると実感できることを願っているのだと強調しよう。

✅ このレッスンの取り入れ方

もし、子どもが何も考えつかないようであれば、ワークシートZ「ツールボックス」とワークシートAA「ゾーンに対応するツールボックスの中身」を参考にさせよう。支援が必要であれば、あなたがワークシートの下の部分に子どものスケジュールを書き込んだり、「止まれの標識」を貼り付けたりする。子どもによっては、自分のゾーンをグラフに表すのに、一対一での助けが必要かもしれない。

✅ まとめ

次の質問をして、学習目標に沿った子どもの理解度を評価する
・どのツールが、いつ役に立つかを知ることは、なぜ大事なのでしょう？
・あなたが一旦立ち止まるべきだったと思える時にツールを使っていれば、その1日はどのように変わったでしょうか？

■ ワークシートDD

✅ 学んだことを定着させる方法

- 子どもが書いたグラフを、保護者や身近で世話をしている人たちと共有し、その子どもがツールを使うタイミングを理解できるようになるために、みんなが一緒になって支援できる体制を作る。
- 子どもには、ゾーンに関するグラフを毎日作成し、ツールを使ったところをマーカーで印をつけるよう（または星印をつけたりシールを貼ったりするよう）指導する。子どもが自分の気持ちをコントロールするためにツールをより上手に使えるようになったら、ツールを使い始める前に作ったグラフと使い始めた後に作ったグラフとを比較してみよう。

レッスン16
使ったツールの記録

Lesson 16

✓ あらまし

　どのツールが、子どもにとって最も効果的だったか、そしてツールをどのくらいの頻度で使ったかを棒グラフに表し、自分の傾向を知ろう。このような課題に取り組むことによって、子どもは、ある一定の時間の中で、どのツールが一番効果を発揮し、役に立ったかを振り返ることができる。そして、ツールを使うことで得られる効果を子どもが認識するのに役立ち、その結果、状況に合わせて使う頻度を増やしながら、ツールをより上手に選べるようになるだろう。

✓ 準備

- ワークシートEE「私が使ったツールの記録」を子どもに1部ずつ配る。
- 黒板にワークシートの拡大版を貼るか、投影する。
- 予定を板書する。
  1. 導入
  2. 「私が使ったツールの記録」を作る。
  3. まとめ

✓ 導入

- このレッスンの目標を子どもに説明する。次の質問について、子どもが話し合いをする。
  「自分のゾーンに対応するツールを使った記録を残すことは、なぜ役に立つのでしょう？」

■授業目標
・子どもは、自分の気持ちをコントロールする目的で、ツールをより多くの場面で使うようになる。
・場面に応じてツールを使いこなせるようになる。

■用意するもの
□ワークシートEE「私が使ったツールの記録」を子どもに1部ずつ
□もしカラーコピーができない場合は、赤と緑の筆記用具
□ペン、またはえんぴつ
□黒、赤、緑色のホワイトボード用のペンまたはチョーク

Chapter5 ゴールはすぐそこ！

- どのツールを使ったかをグラフに表す方法、それぞれのツールがどれだけ役に立ったかを、この授業で学んでいくことを子どもに説明する（図14）。ツール別にグラフを描くことで、どのツールを使っているか、各ツールがどの程度効果を発揮しているかがよくわかることを話そう。もしグラフの値がゼロに近い状態でも、子どもを観察することで、そのようなツールを使える状況があったのではないかとあなたが思うのであれば、子どもがそのツールをもっと頻繁に使える方法を見つけ出す手助けをしよう。

✅ アクティビティー

1. 黒板に掲示したワークシートを見ながら、一番左の列に、子どもが気に入っているグリーン、ブルー、イエロー、レッドゾーン用のツールを書き並べるよう指示する。隣の列には、それぞれのゾーンに対応するツールがどの程度効果を発揮したと思うかを書いていく。
2. グラフの描き方を教える時、子どもを順番に呼んで、黒板のシート上で実際に記入させてみる。その際、子どもが使おうと思うツールの名前をまず書かせる（例：深呼吸をする）。グラフを描くにあたっては、例として、次のような台本を使って説明しよう。
   - 午前中、あなたはコンピューターの授業でとてもイライラしていました。深呼吸をしてみたところ、効果がありました。さあ、どのようにグラフに表しますか？
   - ランチの時間、食堂がとても騒がしかったので、気持ちを落ち着かせるために深呼吸をしました。でも、あまり効果がありませんでした。これはどのようにグラフに示しますか？
   - 理科の時間、あなたは宿題をしてくるのを忘れて、授業について行けませんでした。でも深呼吸をしてみたら、少し落ち着きました。グラフにはどのように表せますか？
   - 深呼吸をまた明日試してみることを想像してみましょう。グラフにはどう表しますか？　そして、翌日もまた効果がありました。でも、その翌日も試してみたものの、効果がありませんでした。グラフにはどう描けばよいでしょう？（グラフのマス目は1つずつエピソード毎に塗っていくようにし、1つのマス目が1日全体を示すものではないため、隙間を作らないようにするよう子どもに指示をする）。

3．子どもが、自分たちのツールを使った記録をグラフで表すことを理解できるまでは、上記のような台本を使って、次々と子どもに前に出てきてもらって、選んだツールについて記入させてみよう。

4．子どもに、ゾーンに対応するツールを挙げさせ、もし各自のワークシートが白黒コピーの場合は、「はい」の箱を緑で、「いいえ」の箱を赤で色を塗らせる。それを真似て行うのが難しい子どもには、あなたが代わりに記入しよう。もし、その日すでに使ってみたツールがあるのなら、早速その部分を埋めていこう。このグラフは、今日限りではなく、毎日記入していき、どのツールに効果があって、どれになかったかを知る目安となることを説明する。嘘の内容でマス目を埋めていかないよう指導する。実際にツールを使ってもいないのにマス目を埋めるのは、ずるいことで、自分をコントロールするスキルを学ぶことはできないと強調しよう。

図14) 私が使ったツールの記録の記入例

✅ このレッスンの取り入れ方

　ちがう考え方で、物事を見たり、周りの人たちの考えを考慮したりできるようになると、自分の感情や注意力・集中力のレベルをコントロールしようというやる気が高まる。私たちは、周りの人たちからよく思われたいという気持ちがあるので、自分の感情や行動をコントロールしようとする。

　ウィナー氏の Social Thinking® に関する書物やカリキュラムでは、このような内容が学べる（巻末「おすすめの情報」を参考のこと）。自分をうまくコントロールできない子どもは、自分たちの行動が周りの人の考えや気持ちにどれだけ影響を及ぼすかをなかなか理解できない。そのような理由から、人前で自分をコントロールするという本来備わっている気持ちがだんだん消えていく。ツールを使ってみて、それが功を奏したかどうかという外側からの立証を参考にすることで学びやすくなる子どもが多い。何よりも、子どもが自分をコントロールしようと試みることが大切で、それが正しい方向に向かっていく第1歩である。

　子どもがツールを使って自分をコントロールしようとした時にもらえるご褒美のシステムを、あなたや子どもの世話をする人たちが設定しておくのもよい。子どもが何か欲しいものを買うためのポイントを稼いでいくというシステムを取り入れるのもよい（例：新しいポケモンカードを買うためのポケ・ポイント、新しいテレビゲームを買うために100円受け取るなど）。子どもがある程度のポイントを貯めたら、前もって決めておいたご褒美をもらう。

　もし子どもが自分でできない場合は、指導者か子どもの世話をする人が、子どものツールの使用についてグラフを書いてあげよう。ツールを使うことでどのような影響があるかを子どもが理解できなくても、ここでのアクティビティーは1つの指針となり、どのツールが、その子どもに一番効果があるかを、指導者や子どもの世話をする人たちが判断するのに役立つデータ収集となる。そのような情報は、将来その子どもを指導する人たちにとっても、役に立つ。高学年の子どもはコンピューターの表計算ができるプログラムを使って、ツールを使った記録のグラフを作成していくのもよい。

✅ まとめ

　子どもには、ゾーンをコントロールするために、日々ツールを使ってみることの重要性を強調しよう。ここで紹介したアクティビティーを通して、指導者や子ども

の世話をする人だけでなく、子どもが自分の心をコントロールするツールをどのくらいの頻度で使っているかを自ら振り返ること、子どもの上達度を続けて評価していくことが求められる。また、子どもにとって最も効果のあったツールはどれかを見極めるためのデータ収集としても使えるアクティビティーである。

✅ 学んだことを定着させる方法

- ツールの名前の入ったグラフを、保護者や子どもを身近で世話をしている他の人たちにも共有する。
- 最低でも週に1回、子どもと一緒にグラフを見ながら、役に立ったツールと役に立たなかったツールのパターンを特定していこう。
- 子どもがツールを使っている時は、その結果をグラフに残しておくことを促そう。ツールリストの項目が増えていく中で、グラフの長さを見て、どのツールが最も効果的かを子どもが認識できるようになる。

■ ワークシート EE

レッスン17
止まれ、注意、そして進め

✅ あらまし

　ここでは、ゲーム方式で、「止まれ」「注意」「進め」という新しい考え方を学習する。自分をコントロールする方法はそれぞれちがうため、衝動的な行動を抑えたり、葛藤に対して問題解決をしたりすることに苦労する子どもも多い。「止まれ」「注意」そして「進め」という考え方は、衝動的な行動に移る前に自分を落ち着かせるために、子どもにとって、覚えやすいフレーズで、視覚的補助となる。

　また、何かを行うにあたって、1つの考え方に縛られ、他の人の考え方やちがう方法を取り入れることがなかなかできない子どもも多い。ここで紹介するアクティビティーを通して、自分をコントロールし、葛藤を解消するには、どの解決方法に一番効果があるか、子どもは頭の中で整理できるようになるだろう。

■授業目標
・子どもが自らの問題解決能力や計画能力を高める。
・子どもが、衝動的な行動や過剰反応する行動を減らす。
・自分をコントロールする能力を高める。
・クラスの友だちと一緒に学ぶ。

■用意するもの
□ワークシートFF「私の止まれ、注意、進め」を子どもの人数分
□ワークシートGG「解決方法の探し方」のコピー8部
□赤、黄、緑のマジックペン、ペン、クレヨン、色えんぴつ
□セロテープ

✅ 準備

● ワークシートGG「解決方法の探し方」を印刷し、もしそれが白黒コピーであればそれに色を塗る。視覚的補助として、教室の壁にそれを掲示する。もし頻繁に教室から飛び出していくような子どもがいる場合は、ドアなどの他の場所にも貼っておくとよい。
● 予定を板書する。
　1．導入
　2．「解決方法の探し方」ゲーム
　3．まとめ

✅ 導入

1. この授業の目標を子どもと一緒に確認する。「止まれ」「注意」「進め」の考えを取り入れる方法を学ぶことを子どもに説明する。具体的には、進む前に（「進め」）、どのように止まり（「止まれ」）、どのような選択肢があるか（「注意」）を学習する。子どもに次のような質問をしてみよう。

    「ゾーンが変わる時に、一旦立ち止まり、問題を解決する方法を学ぶことはなぜ大切だと思いますか？」

2. 子どもに、信号機の絵を思い浮かべて描かせてみる。それぞれの色は何を意味するかを子どもに尋ねる。みんながゾーンをコントロールするのに役立つ、よりよい方法を学ぶための手段として、信号機を使うことを子どもに説明する。ちがうゾーンに入って行きそうな時、行動を起こす前に一旦立ち止まり（「**止まれ**」）、よいと思うこと、それほどよいとは思わないことを含めてなるべく多くの選択肢を考える（「**注意**」）。それぞれの選択肢を考える時、もしその選択肢を選んだら次にどのようなことが起こるか、先を見通す必要があることを子どもに教えよう。選択肢について考えた後、1番よいと思う方向に**進む**（「**進め**」）必要がある。

    着衣着火の際の「止まって、倒れて、転がって」に似ている、このやり方を覚えておくよう指導しよう。もし、自分の選んだ方法がうまくいかないとわかったら、再度「止まれ」「注意」「進め」を繰り返せばよいことを伝えよう。

3. もし可能であれば、子どもに、ワークシートの縮小コピーに色を塗らせ、机の上や、予定表、コンピューター、ロッカーといった子どもが頻繁に目にする物の上にセロテープで貼るよう指示する。

✅ アクティビティー

1. 子どもに、「止まれ」「注意」「進め」の考え方を使って、問題解決の方法をグループで学ぶことを伝える。
2. 子どもを2つのグループに分け、同じチームの人と一緒に座るよう指示する。各チームから有志を募り、チームで話し合った選択肢に関してメモを取ってもらう。ワークシートGG「解決方法の探し方」を各チーム4部ずつ配る。そこに書かれた問題を大きな声で読んだ後、それに対する一番よいと思われる選択肢をチームで考える。各問題について、数分間の持ち時間の中でさまざまな選

択肢を（よいものも、よくないものも）一緒に考え、ワークシートに記入する。次に、ゾーンをコントロールするためにはどの方法が一番よいかをチームで決める。

3．クラス全体で、2つのチームから出された解決方法を見比べる。子どもの競争心をもっと掻き立てたいのであれば、どちらのチームがよりよい解決方法を見出したか、投票させてみるのもよい。

4．このアクティビティーを通して、子どもが問題解決の概念を理解しているか、問題解決方法を生み出す力があるかを判断しよう。クラス全体、チーム内の両方で、子どもがどの程度話し合いに参加しているか、どのような発言をしているかを観察することによって、子どもを評価するとよい。

5．次に挙げる問題を、子どもはのワークシートGG「解決方法の探し方」に各自書き込む。時間の許す限り、なるべく多くの問題について取り組む。もし難しい場合は、その週の中で毎日少しずつ行う。考えられる問題を次に挙げるが、あなたと子どもが一緒になって、子どもが実際に経験した問題を取り扱ってもよい。先ほども述べたように、子ども自身の生活に直接関係のある内容が一番よい。

  ・ゲームで負けた。
  ・自分が望んだ「止まれ」「注意」「進め」の解決方法ではなかった。
  ・テストで自分が思ったよりも低い点数を取ってしまった。
  ・あなたは何もやっていないのに、クラスの友だちがあなたを責めた。
  ・答えたくて手を挙げたのに、先生があなたを当てなかった。
  ・思ってもいないことで予定が変わってしまった。
  ・先生との約束が守られなかった。
  ・給食が嫌なのに、家からお弁当を持ってくるのを忘れた。
  ・周りでたくさんの人たちが大声でしゃべっている。
  ・授業に遅れてしまった。
  ・クラスの友だちが、小さなルールを破った。
  ・あなたの席に誰か他の人が座った。
  ・プロジェクトを行うのに、きらいな友だちとペアを組まされた。
  ・授業が長引いて、休み時間が短くなった。
  ・あなたのことをからかう人につかまり、とてもうっとうしい。
  ・クラスの友だちがもの（物事）を共有してくれない。

✅ まとめ

子どもが、習ったことを実際の行動に移せるよう、次のような質問をしてみよう。
・さあ、ここに「止まれ」「注意」「進め」という新しいツールがあります。これはあなたがより上手に問題を解決する手助けをしてくれます。これでどのようにお互いを助け合うことができますか？

子どもに「止まれ」「注意」「進め」のツールを、自分のツールボックスと「私が使ったツールの記録」に入れておくよう指示する。自分のツールを使うには友だちと協力し合い、次に何か問題が起きたり、自分の心がコントロールできなくなったりした時には、信号機のことを思い出すよう、子どもに話す。

アクティビティーの後は、子どもがどのように「止まれ」「注意」「進め」の考え方を使って解決方法を見つけているかを評価しよう。子どもがどのようなところに問題を抱えているかを見極めるために、止まること（衝動を抑えること）がうまくできないのではないか、問題解決のための選択肢を考えたり、満足のいく解決法を実行することに困難を感じているのではないかといった点に注目しよう。必要と思われる部分に、さらなる支援の手を差し伸べよう。

✅ 追加のアクティビティー

ワークシートGG「解決方法の探し方」のワークシートを、子どものニーズやレベルに合わせて、引き続き使っていこう。繰り返し起こるトリガーに対処するためには、前もって一緒に取り組むことが理想である。可能な選択肢を一通り試したら、レッドゾーンに移ってしまいそうな選択肢を赤の筆記用具で消させ、続いてイエローゾーンに関しても同様に黄色の筆記用具で横線を引いて消させる。その後、グリーンゾーンに導いてくれる選択肢を緑色の筆記用具を使って丸で囲み、最も効果のあったものには星印をつける。

さらに、葛藤を感じることが起きた場合には、ワークシートを問題解決の手引きとして使うとよい。前もって方法を用意していたとしても、予期せぬ行動は起きてしまうものだ。ワークシートは、子どもがこの先よりうまく問題に対処するために役立つにちがいない。

✅ 学んだことを定着させる方法

- ワークシートFF「止まれ、注意、進め」を、子どもがよく使う場所に貼る。
- 子どもと密接に関わる他の人たちにも「止まれ」「注意」「進め」の考え方を共有し、子どもがそれを使ってどのように問題解決するかを説明する（追加のアクティビティーを参照のこと）。

■ ワークシートFF

■ ワークシートGG

レッスン18
私のツールの使い方を褒めよう *Lesson 18*

✓ あらまし

　続いてこの章では、子どもがツールを使った時、効果の有無にかかわらず、「ツールを使ったで賞！」を授与する。子どもがある程度決まった数の賞を受け取ったら、今度は「ZONES免許証」をもらうことができる。これは小学生から中学生くらいまでの子どもが、自分のツールをいろいろな状況で使えるようになるのに効果があり、自分のツールを使おうというやる気を育てるのに役立つ。子どもは、自分の心をコントロールするためにツールを使い、（あなたの助けを借りてでも）そうしてよかったという実感を得ることによって、より自然な形で自分の心をコントロールする段階に移っていくだろう。このアクティビティーは、自分の心をうまくコントロールできたことに対する誇りや喜びを子ども自身が感じる手段にもなり得る。子どもが、各ゾーンで自分の心をコントロールするために、ツールを使ったこと（または使おうとしたこと）に対して、証を残そう。

✓ 準備

- 「ツールを使ったで賞！」のワークシートを数部。子どもに手伝ってもらって一枚ずつ切り離す。子どもの保護者や身近で世話をする人たちのためにも数部用意する。
- それぞれの子どもは、自分が受け取った「ツールを使ったで賞！」をどのようにして保管しておくかを決める（例

■授業目標
- 子どもは、ゾーンをコントロールするツールを使うことで得られた達成感を、自ら喜び称える。
- 子どもは積極的にツールを使い、自分の心をコントロールすることを学ぶ。
- 子どもはさまざまな状況の下でツールが使えるようになる。

■用意するもの
- ワークシートHH「ツールを使ったで賞！」
- ワークシートII「ZONES免許証」を子どもに1部ずつ
- 子どもの教室での写真を撮ったり、印刷したりする機材（もし可能であれば）

えば、教室のどこかに貼る、ZONESファイルに保管する、保管箱に入れるなど）。
- 「ZONES免許証」のコピーを子どもに1部ずつ。
- あとで「ZONES免許証」を作る時に貼る子どもの写真を撮り、印刷する（子どもに自分の似顔絵を描かせるのもよい）。
- 予定を板書する。
    1．導入
    2．「ツールを使ったで賞！」についての説明

✅ 導入

その日の授業の目標を子どもと一緒に確認する。子どもに次のような質問をしてみる。
・どのようなところでゾーンに対応するツールを使うとよいでしょう？
・ツールを使うことが全部自分でできた時、どのような気持ちですか？

✅ アクティビティー

1．子どもに、ツールはあらゆるところで使う必要があり、たとえ大人が促してくれたり、その結果がうまくいかなかったりしたとしても、自分のゾーンをコントロールするためにツールを使おうとした時には、「ツールを使ったで賞！」がもらえることを伝える。その賞状があらかじめ決めておいた枚数まで貯まったら、今度は「ZONES免許証」がもらえることを説明する。

あらかじめ決めておいた枚数というのは、その子どもによって変えてよい。これを習慣づける前に、子どもは各ツールを何度も練習する必要があるが、これはある程度の時間をかけて行う必要がある。子どもがツールを使い始める時のスキルレベル、そして子どもにとって挑みがいがあり、かつ達成可能な目標をあなたが判断し、その枚数を決めるとよい。大人の言葉がけを必要としたかどうかも、判断基準の1つである。賞をもらうのに必要なツールがあまり多くない場合は、レッスン16のワークシートEE「私が使ったツールの記録」が強力な目安となるかもしれない。「ZONES免許証」は、子どもが自分の心をコントロールした回数や、自分のゾーンをコントロールするためにツールをより自発的に使ったということをはっきり知る手立てとなる。ツールを使った達成感と、楽にゾーンを変える能力を示す手段にもなる。

2．子どもがツールを使ったのを見た時、または子どもが使ったことをあなたに報告してきた時、賞状を手渡す。子どもが他の人たちから受け取った「ツールを使ったで賞！」も指導者が回収することを覚えておこう。

3．子どもが決まった数の賞状をもらって、免許証を受け取った時は、そのことを褒め称えよう。子どもの免許証に貼る顔写真を撮ったり、子どもに自分の似顔絵を描かせたりしよう。

✓ 学んだことを定着させる方法

- 子どもを指導している人たちにも「ツールを使ったで賞！」を配り、子どもがさまざまな状況の下でツールを使うことを強化する。
- レッスン16のワークシートEE「私が使ったツールの記録」と結びつけて、このレッスンを行う。

■ ワークシート HH「ツールを作ったで賞！」

■ ワークシート II「ZONES 免許証」

習得状況を見る方法

本章で紹介したゾーンについての概念を、子どもがどの程度理解したかを手軽に確かめる方法として、次のような方法がある。

- 子どもが自分のツールボックスからツールを使ったかどうか。
  これは、無作為な観察や子どもの報告（口頭、またはワークシートEE「私が使ったツールの記録」による報告）によって判断できる（レッスン16：使ったツールの記録を参考のこと）。
- 子どもの行動が向上したかどうかについては、データ収集や点数を記録したものなどによって客観的に判断することができる。また、子どもを観察したり、子どもと身近に接している人たちと話をしたりすることによって、主観的に判断することもできる。
- 友だちや大人との関わり方に成長が見られるかどうかは、子どもの観察、子どもからの報告、または子どもを身近で指導している人たちからの報告から評価できる。

Part 3
背景編

Chapter 6
そして、成功したのは誰？
ZONESに関する情報

　Chapter1では、ZONESのカリキュラムについての概要、つまりそれを実践することで主にどのような影響があるか、予想される難しい部分、などについて述べた。本章では、自分をコントロールすることへの理解や効果的な指導方法の開発について貢献をしてきた他の専門家たちの情報を紹介する。このような方々の功績がゾーンの発展に影響を与えたことは言うまでもない。

☑ 自己コントロールはどのように発達するか

　一般的に、子どもは年齢を重ね発達するにつれて、自己コントロールのスキルも身につけていく。クレア・コップ（1982）の、幼少期の自己コントロールの発達に関する考え方は大変よく知られており、高い評価を受けた。コップ氏は、「自己コントロールの段階」と名づけた理論と研究をもとに、「発達的な進歩」という考え方を発表した。それは、人が自己コントロールを身につけるためには、周りの人とお互いに協力しながら徐々に次の段階に移っていくという考えである。幼児など年齢の低い子どもは、自分のニーズを叶えるために、身近で世話をしてくれる人や、親切に身の回りの世話をしてくれるベビーシッターといった外部の人の力に極力頼っていることがわかる。子どもは年齢が上がるにつれ、難しい状況に取り組む能力を徐々に身につけ、年齢に合った対応の仕方や解決法を実行することができるようになる。

　コップ氏によると、最初の段階は、「神経生理学的な調節」と呼ばれ、これは誕生の時から生後およそ2～3か月に見られる。この時期は、子ども自身が、外部の刺激から自分を守るための方法として、注意力・集中力の度合いを調節しなければならないとコップ氏は説明する。例として、赤ん坊が過度に賑やかなスポーツイベ

ントの場で眠る、または自分を落ち着かせるためにおしゃぶりをくわえながら眠る、などである。コップ氏によると、この期間、乳幼児は自分の動きのパターンや反射を整えていくとのことである。

　２番目の段階は、「感覚運動的な調節」と呼ばれ、生後３か月から生後９〜12か月ごろまで続く。この時期に入ると、子どもは周りのできごとや刺激に合わせて自分の行動を変える力を身につけていく。赤ん坊がお母さんの行動に興味を示したり、お母さんが置いたものに手を伸ばそうとしたりするのがその例だ。

　幼児が、周りの人の行動を見て自分の行動を変えることができるとわかり始めた時、次の段階である「コントロール（抑制）」に移るとコップ氏は考える。この時点で、子どもは、周りに対する気づきや、世話をしてくれる人によって決められた行うべきことに対する意識が芽生えてくる、とコップ氏は主張する。この時期の子どもは、周りから求められることや行わなければならないことに基づいて自分の行動を決めたり、維持したり、調節したり、時には止めたりしようとし、自分の行動に対する結果にも気づき始める。この時期、志向性、目標を見据えた行動、行動に対する目覚め、自分の記憶において、子どもは目を見張るほどの知的成長を遂げるとコップ氏は説明する。

　また、子どもが人との関わりにおいて、自分が行おうとすることがどのような結果を招くかに気づくきっかけを持つことが、この時期にはとても大切であるとコップ氏は述べている。子どもは、世話をしてくれる人が求めていることにより気づくようになり、この時期にそのような人たちから受けるしつけが、次の段階「自己コントロール」に進む上で大切であるとコップ氏は説く。

　コップ氏によると、子どもが「自己コントロール」の段階に移るのは、だいたい２歳ごろとのことである。この時期、子どもは求められた時には自分の行動を先延ばしにする能力を身につけたり、外部を見通せる能力が十分でないとしても、世話をしてくれる人や周りの人の期待に合わせて行動したりすることができるようになると説明している。そして、人や決まりごとに従ったり、自分を内から見つめたりする能力が出てきて、言語の習得や写実的な思考力、象徴的な思考力、記憶力が発達してくるとコップ氏は説明している。また、子どものニーズや性格をよく理解している保護者による評価、成功体験をもとに、衝動を抑える力も身につけるとコップ氏は強調する。

　子どもは自分への意識や独自性に目覚めながら、一般的には３〜４歳で始まるコップ氏の言う最後の段階「自己の調節」へと移っていく。このあたりの時期になると、子どもは自分をコントロールする過程における柔軟性や適合性に大きな成長

を見せ、それぞれの状況に合わせて自分を変えることができるようになる。コップ氏によると、子どもは、自分の行動を導くために規則を使うことを学び、どのような行動が標準的で適切かを理解しながら、自分の行動を標準に合わせようと試みる。自己調節の段階で、子どもは緊張や不安を軽減し、自分の行動に対する内省や熟考を深めることを学ぶ。しかし、子どもがこの時期に見せるスキルは、周りの人からの合図や社会の「隠れたルール」にどの程度気づけるか、そして自分に対してどのくらい問いかけることができるかによって、大きな差が出る。

　コップ氏は、自己の調節能力の発達に関しては、外部からの影響が大きいと考える。その考えを裏付けるさまざまな研究結果によると、子どもの保護者や世話をする人によって、子どもの自己調節の発達や、そのような人たちから与えられた期待、言語能力、行動管理の方法に大きなちがいが生まれるとのことである。自己調節の発達には、幼少期に体験したストレスに満ちたできごとによる影響が大きいことをコップ氏は実証している。

神経疾患を抱える子どもへの指導方法

神経発達の多様性（ニューロダイバーシティー）が見られる（自閉スペクトラム症、注意欠如・多動症などの）子どもは、学習形態もユニークで、新しい考え方を学んだり、取り入れたりするにあたって、特定の指導法を用いることが効果的であり、確実でもある。保護者や教育者として、私たちはそのようなユニークな学習形態や指導法を考慮に入れ、みんなが最善の方法で学べるようにしたい。

✅ 自己管理

2009年、アメリカの国立自閉症センターは「National Standards Project: Findings and Conclusions（国家企画プロジェクト：所見と結論）」を発行した。自閉症の分野で活躍する多くの専門家が、自閉スペクトラム症の人たちに対する幅広い療育に関する文献を研究し、さまざまな療育方法を評価し、一致を図ることに努めた。自閉症の子どもの保護者や世話をする人たちに、研究データに基づいた入手可能な情報を提供することが大切な役割の1つであったが、自己管理は定着した指導分野として認識された（最も高い確率で評価された）。自己管理（自己調節）を、実際の現場での指導に組み入れることが重要であることは、専門家も自閉症者に好ましい結果をもたらす療育法として確信をもっている。専門家は、自己管理に関する指導は、実際のできごとを記憶したり強化したりしながら、自発的に自分の行動を調節する方法を教えることだという認識をもつ。個人に合わせた目標を設定することも必要だとしている。ZONESのカリキュラムは、他のカリキュラム同様、これらすべての要素を網羅する。

✅ 認知行動療法

ZONESは、認知行動療法の構想をもとに開発された。認知行動療法では、自分

の解釈や感情、行動により目をむけながら、自分の気持ちを調節する思考プロセスを子どもに教える。ZONES学習の中で紹介するアクティビティーには、自分の行動が自分の生活や周りの人の生活にどれだけ影響を及ぼすかを子どもが熟考する認知行動の考え方を取り入れている。

　認知行動療法は、注意欠如・多動症の子ども（Miranca et al. 2002; Riccomini et al. 2005）や自閉スペクトラム症の子ども（Lee et al. 2007）が自分の行動を調節するのに大変頼りになる方法として、注目を浴びている。ゾーンは、子どもが自宅や学校、地域で常に用いることのできる認知行動学的なアプローチと言える。認知行動学的な手法を用いることによって、子どもは、自主的に自分を観察する方法を学び、注意力・集中力のレベルやゾーンに対応するツールの効果を慎重に考えるようになる。その結果、大人の声かけ（大人の力を借りて調節すること）に頼らず、自分で責任を持って自分の心を調節するようになってくる。

✓ Social Thinking®（社会的思考）とILAUGH（アイラフ）

　ミッシェル・ガルシア・ウィナーのSocial Thinking®の考え方と社会認知を教える取り組みは、ZONESのカリキュラム全体に網羅されている。Social Thinking®の取り組みにおいては、社会で起こる事がらのあらゆる側面で求められることや、それに関連してSocial Thinking®を通して決められる社会での微妙な行動の仕方について子どもが考える。

　これは、行動の強化を図ってソーシャル・スキルを教え、社会の規則を丸暗記させる方法とは全くちがう手法である。さらに言うと、感情のほとんどは無意識に出てしまうものだが、その出し方は社会で求められる行動を本人がどれだけ認識しているか、どれだけ他人の考え方を理解しているかによって変わってくる。自分自身、また他人の見方を理解することに関しては、心の理論（Theory of Mind）について書かれた研究を参考にしていただきたい（Frith, 1989）。もし、子どもが社会で求められる事がらや、自分の行動がどれだけ他の人から受ける印象に影響を与えるのかを理解できないようであれば、感情を調節することはさらにむずかしくなるだろう。

　ウィナー氏は、社会認知に関するILAUGH（アイラフ）という考え方を生み出した。これは、ILAUGHのそれぞれの文字（アルファベット）を用いて、6つの認知に関する概念を表したものだが、感情を調節するだけにとどまらず、人と上手に関

わるためには、一瞬にして理解し、反応できなければならない要素である。

I　=　Initiation of Language（言葉で伝えようとする）

L　=　Listening with Eyes and Brain（目と頭を使って聴く）

A　=　Abstract and Inferential Language/Communication（言語や会話を要約し推理する）

U　=　Understanding Perspective（物の見方を理解する）

G　=　Gestalt Processing/Getting the Big Picture（ゲシュタルト的に～まとまりや形態を大切に～プロセスしたり、物事の全体像を理解したりする）

H　=　Humor and Human Relatedness（ユーモアと人との関わり）

　ILAUGHの要素は、子どもが自分の心を最大限に調節する上ですべて大切であるが、自発的にそれができるようになるのに最も重要なのは、まとまりや形態を大切にし、物事の全体像を理解する力だと感じる。『Social Thinking®（社会的に物事を考えよう！）』（2005）で紹介されているレッスン「学童期の子どもにSocial Thinking®を教えるカリキュラムであり、ウィナー氏の数あるカリキュラムの中の1つ」は、子どものSocial Thinking®に対する理解を深めるために、本書の中でも広く用いられている。子どもが設定する社会性に関する目標に取り組むために、ZONESとともに、このSocial Thinking®の考え方を取り入れることをおすすめする。

☑ 全体的統合理論

　ZONESを開発するにあたって参考にさせていただいたもう1つの重要な理論は、ユタ・フリスの全体的統合理論である（1989）。これは、自閉スペクトラム症の子どもは小さい、しかも、多くの場合、見当ちがいの詳細にはこだわるものの、全体像を見るためにそれらの項目を統合することが不得手であることを説明する理論である。

　上記のようなゲシュタルト的な考え方ができない場合、問題の根源を認識したり、関連する社会的合図に気づいたり、また文章のより深い意味を理解したりする能力が低くなりがちである。本書で紹介したZONESはたった4つのカテゴリーによって構成されているため、はっきりとした定義や関連づけで、理解しやすく、子

どもは取るに足らない詳細ではなく、全体像を見るよう促される。ZONES は、抽象的な感情の概念や注意力・集中力の状態を語るための具体的な方法を教えてくれる。各レッスンでは、子どもが、現在の学習内容をより大きな状況に関連づけることができるようになるための、子どもに向けた質問を含めている。わかりやすい例とともに、より小さなレベルではなく、ゲシュタルト的な理解がどのくらいできているかを見る質的な評価法も紹介している。

✅ SCERTS® モデル

　ZONES 開発に影響を与えたもう 1 つは、SCERTS®（サーツ）モデル（Social Communication, Emotional Regulation and Transactional Support-SCERTS®）である（Prizant Et al. 2006）。

　このモデルでは、周囲に対する注意力は、周りの状況（例：なじみのある日課や人々への接近）や環境的な刺激、内的な事情（例：具合が悪い、疲れた）、情動調節能力によって影響を受けると説明する。子どもが自分の注意力・集中力のレベルの高い時に気づき、自分の行動をどのようにコントロールするかを理解するための指導を行うにあたり、確かな可能性が存在することを明らかにしてくれた手法である。それを達成するために、ZONES のカリキュラムは、情動調節や実行機能の能力を引き出すためのスキルや方法を確立するのに効果がある。それぞれちがうニーズや多種多様な背景をもつ子どもたちのために、情動調整に必要なすべての要素を教える方法と、各自に合わせて調整可能で、その子どもに関わる人たち誰でもが手軽に取り入れることのできる方法を開発することは必須であった。

✅ システム化理論

　自閉症の分野をリードしてきたもう 1 人のすばらしい人物は、サイモン・バロン－コーエン氏（2006）である。この学者のシステム化理論は、自閉スペクトラム症の人たちは、物事の変更に対応するのが苦手で、感情や社会概念を理解するのが不得手であるために、決まりごとに耳を傾けない傾向があることを説明している。例を挙げるなら、アメリカの州間幹線道路網は具体的で（字義通り、そして比喩的にも！）わかりやすいが、感情や社会における期待というのは抽象的で絶えず

変化する。ZONESは、子どもが情動調節の概念を理解するための体系的な方法を身につけるのに必要な、感情や注意力・集中力ののレベルをわかりやすく分類している。

✅ 行動思考理論

あからさまな社会認知的な問題を解決する能力は持ち合わせているものの、社会で求められることに対応する実践能力に欠ける自閉スペクトラム症の人もいる。アミ・クリン（2003）は、行動思考理論を開発した。クリン氏は、我々の社会を統制する一通りの規則を子どもに教え込むのではなく、その場の状況や、その人のやる気、ニーズ、今後の適応力によって変わる多くの要素を考慮する必要があると説明する。また、現在の指導方法に見られる大きな限界の1つとして、自閉スペクトラム症の子どもは、習得したスキルを新しい環境に適応することが難しいと述べている。

したがって、そのようなスキルは、閉ざされたドアの向こうではなく、教室や自宅、地域などの自然な設定で教えられるべきだとクリン氏は論じる。それを受けて、ZONESのカリキュラムでは、教室や療育センターなどの場に加え、子どもが実際に生活する場で、どのようにその概念を応用することができるかの実例を多く挙げている。ZONESの授業で取り入れるアクティビティーは、子どもが生活のあらゆる場面でZONESの概念を応用できるようになるための強化を図っており、ZONESの手法を練習し応用していくことを、カリキュラム全体で奨励している。子どもがZONESの考え方をどのような環境でも適用できるよう、保護者、教職員、そして身近で世話をする人たちが支援していくことが不可欠である。

✅ 強化因子と点数制度

マークス氏、ハドソン氏、シュレイダー氏、ロンゲカー氏、レヴィン氏（2006）が行動管理について研究した結果、本人が非常に興味を示す活動を強化因子として使ったり（例：漫画本のことが絶えず頭から離れない子どもから、罰として漫画本を取り上げる）、点数制度を取り入れたりしても、子どもの行動を修正するにあたっては効果が見られず、自閉スペクトラム症の子どもの行動管理を教える最適な方法

とはいえないと報告した。それどころか、マークス氏らによると、自閉スペクトラム症の子どもたちは完璧主義でいなければという意識が強いため、より高い期待に応えてご褒美をもらおうと努力するため、もしご褒美がもらえなかった場合は、不安が増したり、固執がさらに強くなったり、かなり混乱状態に陥ったりすることがある。それよりも、子どもたちにとって好ましいけれど、心を奪ってしまわないようなご褒美にすべきである。

　ここで論じた取り組みに関する情報は、巻末「参考文献」をご覧いただきたい。

よくある質問

■ 同時に2つ以上のゾーンに入ることはあるか？

　はい。睡眠を十分取れなかったために疲れている（ブルーゾーン）ものの、同時にこれから行われる試験のことを考えて不安になる（イエローゾーン）といった子どももいるだろう。一つだけを選ぶ必要はない。もし2つ以上のゾーンを選んだ場合は、気持ちと注意力・集中力のレベルがお互いに関わり合うことを示す。また、同じ感情でもちがうゾーンに分類されることがある。「がっかりした」という気持ちは、ブルーゾーンにもイエローゾーンにも当てはまるし、「嫉妬心を抱く」気持ちは、イエローゾーンでもレッドゾーンでもあり得る。その場合、感情の激しさの度合いと、どのような状況でそう感じたかによって判断する。

■ 子どもがレッドゾーンに入った時は、減点したり罰則を与えたりすべきか？

　いいえ。子どもがどのような感情を抱いていても（またどのゾーンにいても）罰を与えるようなことはしない。もし子どもがレッドゾーンにいる時に起こした行動によって人を傷つけた場合は、その関係を修復し、誰かのものを壊した場合は、壊したものや滅茶苦茶にしたものに対する責任を負う必要がある。子どもが一旦落ち着いたら、レッドゾーンに入っていた時の状況を指導の機会ととらえ、次はどのような行動を取るべきか子どもに考えさせよう（レッスン17の止まれ、注意、進めの追加のアクティビティーを参照のこと）。また、子どもがグリーンゾーンにいたとしても、それがいつも望まれるゾーンというわけではないので、子どもにご褒美をあげるべきではない。子ども自身のコントロールの度合いに基づいてご褒美のシステムを作るのであれば、子どもが自分のゾーンを管理しようと努力をした時に、それがたとえ失敗に終わったとしても、ご褒美をあげるようにしよう。もし子どもが頻繁にレッドゾーンに入ってしまう場合は、その子どもがレッドゾーンに入っていく時のきっかけとなる状況を、保護者と指導者が一緒に検討する必要がある。その子どもがもっとうまくやっていくために、前もって図っておく便宜はないか？感覚を落ち着かせるための道具を用意できないか？　子どもがレッドゾーンに入る傾向のある事がらから自分を遠ざけることができるような道具を、あなたが予め用意しておくことも大切である。子どもがレッドゾーンに入る時は、残念ながら周囲からの否定的な注目をたくさん集めてしまう。そこで「助けが必要です」といったような言葉による対応によって、もっと肯定的な方法で人の注目を集めることを教えよう。どんなに小さなことでも、成功に向けて努力をした場合は、前向きな形でその子どもに注目を集めよう。

■ 自分の外面のゾーンと内面のゾーンが食いちがうような時はあるか？

はい。内面のゾーンと、外面に現れる行動が一致しないことはよくある。自分の心をコントロールする時、葛藤を抱いていて心の中はイエローゾーンなのに、外に表わす行動はいたって冷静できちんとして見えることはあり得る。学校では多くの子どもが自分をコントロールしているように見えても、心の中ではイエローゾーンが迫っているような状況は、よくあることだ。子どもを学校に迎えに行った時に、子どもが冷静さを失いレッドゾーンに入ってしまうことがよくあると保護者は語る。これは、子どもが人との付き合いに関する社会の規範に合う行動を取るために、あらゆる努力をしていることを示す。保護者の迎えの車に乗ったらもう安全と感じ、発散してしまうのである。そのような子どもには、レッドゾーンに行かないよう、終日心の中はイエローゾーンでコントロールしておく必要があることを強調しよう。そのためには、ヨガやBrain Gym®（巻末「おすすめの情報」、「参考文献」を参照のこと）、運動、頭を休めるなどのグリーンゾーンに対応する道具が役立つ。

■ ZONES のカリキュラムは、The Alert Program® とどのようなちがいがあるか？

The Alert Program® はすばらしいカリキュラムで、自分の神経を安定させるために、感覚を落ち着かせる補助やアクティビティーを用いながら、自分の心を安定させることに重点を置いた先駆け的な存在である。The Alert Program® は、ZONES にも使われている認知行動学的な方法を取り入れ、作業療法士や保護者、その他の専門家たちが子どもの注意力・集中力のレベルを特定するにあたって、わかりやすい言葉で子どもに指導する道を作ったと言える。ゾーンはその次に出てきたプログラムであるが、感情の調節や、実行するためのスキルの開発、社会的認知に重きを置いている。ZONES のカリキュラムは、子どもが自分の心の状態に気づき、自分の気持ちや考え方、感覚的なニーズが注意力・集中力のレベルにいかに影響を及ぼすかを理解できるようになるために開発された。さらに子どもは、ZONES の考え方を使って、社会で求められることを心の中で考え、自分の感情や注意力・集中力のレベルを自分のいる環境に適合できるようコントロールすること、そしてその結果とても安定した気持ちになれることを学ぶ。ZONES は自分の心を静めるテクニックといった道具や、感覚的な道具に加えて、自分の気持ちを調節する考え方も教える。The Alert Program® を取り入れている子どもは、そこで習ったエンジンツールをZONES の道具箱にも入れ、両方のカリキュラムで使われる言葉を一緒に用いるとよい。「あなたのエンジンは高いレベルで作動しているようなので、今、イエローゾーンにいますね。あなたのゾーンをコントロールするのに役立ち、あなたの身体が再び落ち着いた感覚に戻るための道具はどれでしょう？」

■ **ZONESのカリキュラムは、「すばらしい5段階スケール」とどのようなちがいがあるか？**

　「すばらしい5段階スケール」は、ZONESを開発する上で大変刺激となった手段の一つである。いろいろなスキルや行動を5段階、またはそれ以上に小さく分けるため、子どもが行動の細かい部分を理解しやすく、具体的な用語を使って考えやすい。すばらしい5段階スケールもZONESも認知行動学的なアプローチであるが、子どもに行動の範囲や、その行動がどう見え、どのような感じなのかを教えやすいシステムである。5段階スケールは、子どもに気持ちのコントロールや自己調節を教える際に使われるが、さらにその他、多くの行動に対しても使える。最近はこの段階評価を使って、声の音量を5つの段階（静かにする段階から、叫ぶ段階まで）に分けて指導する学校が多い。5段階スケールを用いて指導する項目例として、パーソナルスペースや不安、怒り、強迫観念、ボディーランゲージがある。5段階スケールを使うことによって、子どもが自分の行動に気づき、それをコントロールする術を習得するようになる。ゾーンは、子どもが自分をコントロールできるようになるための根本的なスキルを教えるカリキュラムであるという点が他とのちがいである。そのため、ZONESのカリキュラムには、子どもに感情のコントロールや知覚的なニーズに気づき、周りの人の見方を理解し、衝動を抑え、問題をより上手に解決することを学ぶためのレッスンやアクティビティーが多く組み込まれている。

　ZONESのカリキュラムとすばらしい5段階スケールの両方をうまく取り入れて指導することが可能である。現在情動のコントロールの指導に5段階スケールを用いていて、さらにZONESカリキュラムのアクティビティーも取り入れたい場合は、用いる色を前もって決め、子どもが柔軟に対処できるようにしよう。4段階、5段階目の状態をレッドゾーンと名付け、3段階目をイエロー、1段階目、2段階目をグリーン、そして1の下の段階として（ゼロとしても良い）ブルーゾーンと決めてもよい。子どもは引き続きなじみのある数字を使って表現しても、また数字をゾーンの色に関連づけて表現してもよい。このようにして、ZONESのカリキュラムで紹介するアクティビティーを、なじみのある5段階スケールにあてはめることが可能である。みんな、柔軟な考えでやっていこう！

■ **もし子どもがゾーンを使いたがらない場合は、どうしたらよいか？**

　もし子どもが「なぜ私だけZONESを使わなくてはいけないのか？」と不満を漏らしたら、まず2つのことに目を向けてみよう。子どもがゾーンを維持したり、調節したりしている時に褒めることもせずに、子どもがコントロールできていない時だけに注目していないか？もう一つは、私たちは誰もがゾーン間を行き来し、予期しない行動を取ってしまったり、自分のゾーンを調節するための道具を用いたりすることを子どもが理解するためのゾーンの下地作りをあなたが十分に行ってきたか？あなたは子どもに、必要な時は運動場や市民プール、ショッピングセンターで腰を下ろしてよいこと、そして周りの人のゾーンを検知することができているかどうかを見つめ

るよう指導しよう。その後、みんなのゾーンはどんな感じかを子どもと一緒に話し合おう。

　もう一つの大きな情報源として、SCERTS®がある。これは、子どもが人とのコミュニケーション（Social Communication:SC）にもっと能力と自信を発揮できるようになることを目的に作られたプログラムである。子どもが意味のある人間関係を作れるようになるため（Emotional Regulation:ER―感情の調節）の学習や能力の妨げとなる問題行動を減らすことも目的としている。子どもの学習効果を最大にするためには、子どもの家族や指導者、セラピストたちが一体となって協力し合う相互支援（Transactional Supports:TS）が大切であるという考えもこの特徴である。子どもと密接に関わる人たちは、このような支援を取り入れながら、子どものための教材を開発し、それを取り入れ、子どもによりよい支援を提供する。その結果、子どものニーズと関心をうまく一致させ、子どもの環境を修正、調整し、学習効果を高める方法を提供することが可能となる（例：ゾーン、絵などの視覚的補助を使ったコミュニケーション、スケジュール表、知覚をサポートするもの）。子どもの家族を支援、教育するために、また子どもと身近で関わる人たちの一体感を高めるために、連携の精神をもって、子どものための個別の目標をきちんと作成しておくことが望ましい。

自分の情動をコントロールする力をつけるためのIEP（個人別教育プログラム）の目標

　ここにいくつかの提案を紹介する。各子どもに適切と思われるものを是非取り入れていただきたい。

（子どもの名前）は、＿＿＿＿＿＿＿程度の正確さで、自分自身や周りの人の感情＿＿＿＿＿＿＿、＿＿＿＿＿＿＿、＿＿＿＿＿＿＿を分類しながら、感情に関する語彙を増やす。

（子どもの名前）は、＿＿＿＿＿＿＿程度の正確さで、自分の写真や顔に現れるいろいろな表情を特定するスキルを発揮しながら、ボディーランゲージに対する理解力を高める。

（子どもの名前）は、＿＿＿＿＿＿＿程度の正確さで、実際の生活で起こり得る台本を見ながら、各場面で求められる行動とは何かを類別しながら、物事を見通す力を高める。

（子どもの名前）は、＿＿＿＿＿＿＿程度の正確さで、3つの台本に書かれた場面で、与えられた状況下での自分の行動がどれだけ周りの人の考えや気持ちに影響を与えるかを考え、物事を見通す力を高める。

（子どもの名前）は、＿＿＿＿＿＿＿程度の正確さで、＿＿＿＿＿＿＿に現れた身体的特徴（例：腹痛、握り拳、筋肉の緩和、脳が興奮状態にある）を自分の4つのゾーンに特定しながら、注意力・集中力のレベル、感情（またはゾーン）の状態に気づく。

（子どもの名前）は、＿＿＿＿＿＿＿程度の正確さで、自分の感情や注意力・集中力のレベル（ゾーンや気持ち）に関する自己報告が教師の評価と合致した時、自分の注意力・集中力や感情（またはゾーン）の状態に対する意識を高める。

（子どもの名前）は、＿＿＿＿＿＿＿程度の正確さで、気持ちをコントロールできなくなった原因となる＿＿＿＿＿＿＿のトリガーを特定しながら、情動をコントロールするスキルを高める。

（子どもの名前）は、＿＿＿＿＿＿＿程度の正確さで、1日を通してゾーンに対応するツールを使えばよかったと思われる場面とどのツールを使えばよかったかの特定を自分で行い、情動をコントロールすることへの内省を高める。

（子どもの名前）は、＿＿＿＿＿＿＿回のうち＿＿＿＿＿＿＿ほど、自分の気持ちをコントロールするためのツー

ルを使っていれば、自分のその日1日がどれだけちがうものになっていたかを理解し（例えば、友だちとの関係や学校での成功体験）、情動をコントロールすることへの内省を高める。

（子どもの名前）は、自分の心を静めてくれる＿＿＿＿＿＿＿のツール、自分が元気になれる＿＿＿＿＿＿＿のツール、自分の注意力・集中力を高める、または心地よくしてくれる＿＿＿＿＿＿＿のツールのリストを作り、それを実際に使って見せながら、情動をコントロールするスキルを高める。

（子どもの名前）は、＿＿＿＿＿＿＿回のうち＿＿＿＿＿＿＿ほど、葛藤に対処するための肯定的、否定的両方の解決方法を考え、直面した葛藤を解決するための一番よい方法を選ぶことにより、問題解決能力を高める。

（子どもの名前）は、＿＿＿＿＿＿＿回のうち＿＿＿＿＿＿＿ほど、自分が衝動的な行動を起こしそうになった時に、1回の声かけだけで一旦自分を振り返り、求められる行動に変えていくことによって、情動をコントロールするスキルを高める。

（子どもの名前）は、＿＿＿＿＿＿＿回のうち＿＿＿＿＿＿＿ほど、自分の気持ちをコントロールするためのツールを使う場合に、1回の（言葉、視覚的補助、または身振りによる）促しにきちんと応えることによって、情動をコントロールするスキルを高める。

（子どもの名前）は、＿＿＿＿＿＿＿回のうち＿＿＿＿＿＿＿ほど、自分の心、エネルギー、身体的状況をコントロールするためのツールを自発的に使いながら、情動をコントロールするスキルを高める。

おすすめの情報

■ 授業で使える子ども向けの本

- *How Do I Feel? An Interactive Reading Book of Emotions I Have Feelings, Too! An Interactive Reading Book of Emotions for Teens, Adults and Seniors*
  By Joan Green and illustrated by Linda Comerford, Greenhouse Publications (2006)
  Miss Nelson Is Missing
  By Harry Allard and James Marshall, Houghton Mifflin Company (1977)
- *No, David!*
  By David Shannon, The Blue Sky Press (1998)
- *On Monday When It Rained*
  By Cherryl Kachenmeister, Houghton Mifflin Sandpiper Books (2001)
- *The Way I Feel*
  Written and illustrated by Janan Cain, Parenting Press (2000)
- *Today I Feel Silly & Other Moods That Make My Day*
  By Jamie Lee Curtis, HarperCollins (1998)
- *When Sophie Gets Angry—Really, Really Angry...*
  By Molly Bang, The Blue Sky Press (1999)
- *Whole Body Listening Larry at School*
  By Elizabeth Sautter and Kristen Wilson, Social Thinking Publishing (2011)

■ 映画

- *Charlie Brown* movies or TV specials,
  By Charles Schultz
  Available from local libraries, video rental stores, or www.amazon.com
- *Finding Nemo,* Disney (2003)
  Available from local libraries, video rental stores, or www.amazon.com
- *The Outsiders*, Zoetrope Studios (1983)
  Available from local libraries, video rental stores, or www.amazon.com
- *Winnie the Pooh* movies, Disney
  Available from http://disney.go.com/pooh/html/products/index.html and local libraries, video rental stores, or www.amazon.com

■ 視覚的補助

- Boardmaker® by Mayer-Johnson LLC, DynaVox Mayer-Johnson
  2100 Wharton Street Suite 400
  Pittsburgh, PA 15203
  Phone: 800-588-4548
  Fax: 866-585-6260
  Email: mayer-johnson.usa@mayer-johnson.com
  www.mayer-johnson.com
- SticKids™ (2005) by Community Therapy Associates, 41050 Camden Lane
  Box 6, Site 5, RR 1 Cochrane, AB, Canada
  http://stickids.com/index.html
- Jill Kuzma's SLP Social & Emotional Skill Sharing Site
  http://jillkuzma.wordpress.com

■ 補助的なカリキュラムや学習法

- *The Anxiety Cure for Kids*
  By Elizabeth DuPont Spencer, Robert L. DuPont, and Caroline M. DuPont, Wiley (2003)
  Available from www.amazon.com
- *Brain Gym®*
  Brain Gym is a program of physical movements that enhance learning and performance in all areas through enjoyable activities that integrate the body and mind. www.braingym.org
  ブレイン・ジムとは、身体と心を統合した楽しい動きを通して、あらゆる分野における学習・活動能力を高めるための運動プログラム。
- *Exploring Feelings (Anxiety and Anger)*
  By Tony Attwood, Future Horizons, Inc. (2004)
  www.tonyattwood.com.au
- *The Explosive Child*
  Treating the Explosive Child

Teaches the use of the Collaborative Problem Solving approach to use with easily frustrated and chronically inflexible children. By Ross Greene, HarperCollins (2005) www.livesinthebalance.org
葛藤を抱え込みやすい子どもや、ひどく柔軟性に欠ける子どもと、共に問題解決をしていく手法を学ぶプログラム。

- *How Does Your Engine Run?® A Leader's Guide to the Alert Program® for Self-Regulation*
By Mary Sue Williams and Sherry Shellenberger, Therapy Works, Inc. (1996) www.alertprogram.com
- *The Incredible 5-Point Scale*
Assisting Students with Autism Spectrum Disorders in Understanding Social Interactions and Controlling Their Emotional Responses
By Kari Dunn Buron and Mitzi Curtis, Autism Asperger Publishing Co. (2003) www.5pointscale.com
- *When My Worries Get Too Big! A Relaxation Book for Children Who Live With Anxiety* By Kari Dunn Buron, Autism Asperger Publishing Co. (2006) www.5pointscale.com
- *Comic Strip Conversations*
By Carol Gray, Future Horizons (1994) www.thegraycenter.org
- *The New Social Stories Book: 10th Anniversary Edition*
By Carol Gray, Future Horizons (2010) www.thegraycenter.org
- *Superflex®: A Superhero Social Thinking® Curriculum*
By Stephanie Madrigal and Michelle Garcia Winner, Social Thinking Publishing (2008) www.socialthinking.com
- *Think Social! A Social Thinking® Curriculum for School-Age Students*
By Michelle Garcia Winner, Social Thinking Publishing (2005) www.socialthinking.com
Thinking About You Thinking About Me, 2nd Edition
By Michelle Garcia Winner, Social Thinking Publishing (2007) www.socialthinking.com
- *The Kids' Yoga Deck*
By Annie Buckley, Chronicle Books (2006) Available from www.amazon.com
- *The Out-Of-Sync Child: Recognizing and Coping With Sensory Processing Disorder, 2nd Edition*
By Carol S. Kranowitz, Perigee (2005) www.out-of-sync-child.com/publications.htm
- *Sensational Kids: Hope and Help for Children with Sensory Processing Disorder*
By Lucy Jane Miller, Putnam Adult (2006) www.spdfoundation.net
- *Smart but Scattered*
The Revolutionary "Executive Skills" Approach to Helping Kids Reach Their Potential
By Peg Dawson and Richard Guare, Guilford Press (2009)

■ 計画立案に便利な情報

- *The SCERTS® Model: A Comprehensive Educational Approach for Children with Autism Spectrum Disorders*
By Barry Prizant, Amy Wetherby, Emily Rubin, Amy Laurent, and Patrick Rydell, Paul H. Brooks Publishing Co. (2006) www.scerts.com
- *The Ziggurat Model: A Framework for Designing Comprehensive Interventions for Individuals With High-Functioning Autism and Asperger Syndrome*
By Ruth Aspy, Ph.D. and Barry G. Grossman, Ph.D., Autism Asperger Publishing Company (2007) www.texasautism.com
- *The Comprehensive Autism Planning System (CAPS) for Individuals with Asperger Syndrome, Autism and Related Disabilities*
By Shawn Henry and Brenda Smith Myles, Autism Asperger Publishing Company (2007) www.aapcpublishing.net

参考文献

merican Psychiatric Association. (1994). *Diagnostic and statistical manual of mental disorders (4th ed.)*. Washington, DC: Author.

Amaral, D. (2008, May). *An overview of current research on autism spectrum disorders*. Lecture presented at the Minnesota Autism Symposium, Minneapolis, MN.

Attwood, T. (2004). *Exploring feelings: anger*. Arlington, TX: Future Horizons, Inc.

Attwood, T. (2004). *Exploring feelings: anxiety*. Arlington, TX: Future Horizons, Inc.

Ayres, A. J. (1972). *Sensory integration and learning disorders*. Los Angeles, CA: Western Psychological Services.

Ayres, A. J. (1979). *Sensory integration and the child*. Los Angeles, CA: Western Psychological Services.

Barkley, R. A. (1997). Behavioral inhibition, sustained attention, and executive functions: Constructing a unifying theory of ADHD. *Psychological Bulletin, 121*(1), 65-94.

Baron-Cohen, S. (2006). The hyper-systemizing, assortative mating theory of autism. *Progress in Neuro-Psychopharmacology & Biological Psychiatry, 30*(5), 865-872.

Bieberich, A. A., & Morgan, S. B. (2004). Self-regulation and affective expression during play in children with autism or down syndrome: A short-term longitudinal study. *Journal of Autism and Developmental Disorders, 34*(4), 439-448.

Bronson, M. (2000). *Self-regulation in early childhood*. New York: The Guilford Press.

Buron, K. D. (2006). *When my worries get too big!: A relaxation book for children who live with anxiety*. Shawnee Mission, KS: Autism Asperger Publishing Co.

Buron, K. D., & Curtis, M. (2003). *The incredible 5-point scale*. Shawnee Mission, KS: Autism Asperger Publishing Co.

Byers, R. (1999). Experience and achievement: Initiatives in curriculum development for pupils with severe and profound and multiple learning difficulties. *British Journal of Special Education, 26*(4), 184-188.

Cain, J. (2000). *The way I feel*. Seattle, WA: Parenting Press, Inc.

Dawson, P., & Guare, R. (2009). *Smart but Scattered*. New York: The Guilford Press.

Degangi, G. A., Breinbauer, C., Roosevelt, J. D., Porges, S., & Greenspan, S. (2000). Prediction of childhood problems at three years in children experiencing disorders of regulation during infancy. *Infant Mental Health Journal, 21*(3), 156-175.

Department of Children Families & Learning. (2001). *Integrating Minnesota graduation standards and special education: A framework*. Roseville, MN: Author.

Dodge, K. A. (1989). Coordinating responses to aversive stimuli: Introduction to a special section on the development of emotion regulation. *Developmental Psychology, 25*(3), 339-342.

Egger, H. L., & Angold, A. (2006). Common emotional and behavioral disorders in preschool children: Presentation, neurology, and epidemiology. *Journal of Child Psychology & Psychiatry, 47*(3), 313-337.

Fisher, N., & Happé, F. (2005). A training study of theory of mind and executive function in children with autistic spectrum disorders. *Journal of Autism and Developmental Disorders, 35*(6), 757-771.

Gomez, C. R., & Baird, S. (2005). Identifying early indicators for autism in self-regulation difficulties. *Focus on Autism and Other Developmental Disabilities, 20*(2), 106-116.

Grandin, T., & Scariano, M. (1986). *Emergence: Labeled autistic*. New York: Warner Books.

Green, J. (2004). *I have feelings, too! An interactive reading book of emotions for teens, adults and seniors*. Santa Clarita, CA: Greenhouse Publications.

Greene, R. W. (2005). *The explosive child*. New York, NY: HarperCollins Publishers.

Greene, R. W., & Ablon, J. S. (2006). *Treating explosive kids: The collaborative problem-solving approach*. New York, NY: The Guilford Press.

Greene, R. W. (1998). *The explosive child: A new approach for understanding and parenting easily frustrated, "chronically inflexible" children*. New York, NY: HarperCollins Publishers.

Greene, R. W., Ablon, J. S., Goring, J. C., Raezer-Blakely, L., Markey, J., Monuteaux, M. C., et al. (2004). Effectiveness of collaborative problem solving in affectively dysregulated children with oppositional-defiant disorder: Initial findings. *Journal of Consulting and Clinical Psychology, 72*(6), 1157-1164.

Greene, R. W., Ablon, J. S., Hassuk, B., Regan, K. M., & Martin, A. (2007). "Use of collaborative problem solving to reduce seclusion and restraint in child and adolescent inpatient units": Correction. *Psychiatric Services, 58*(8), 1040.

Greene, R. W., Ablon, J. S., & Martin, A. (2006). Use of collaborative problem solving to reduce seclusion and restraint in child and adolescent inpatient units. *Psychiatric Services, 57*(5), 610-612.

Greene, R. W., Biederman, J., Faraone, S. V., Sienna, M., & Garcia-Jetton, J. (1997). Adolescent outcome of boys with attention-deficit/hyperactivity disorder and social disability: Results from a 4-year longitudinal follow-up study. *Journal of Consulting and Clinical Psychology, 65*(5), 758-767.

Happé, F. (1994). *Autism: An introduction to psychological theory*. Cambridge, MA: Harvard University Press.

Happé, F., Booth, R., Charlton, R., & Hughes, C. (2006). Executive function deficits in autism spectrum disorders and attention-deficit/hyperactivity disorder: Examining profiles across domains and ages. *Brain and Cognition, 61*(1), 25-39.

Happé, F., & Frith, U. (2006). The weak coherence account: Detail-focused cognitive style in autism spectrum disorders. *Journal of Autism and Developmental Disorders, 36*(1), 5-25.

Harris, C. R., Kaff, M. S., Anderson, M. J., & Knackendoffel, A. (2007). Designing flexible instruction. *Principal Leadership, 7*(9), 31-35.

Henderson, H. A., & Wachs, T. D. (2007). Temperament theory and the study of cognition-emotion interactions across development. *Developmental Review, 27*(3), 396-427.

Henry, S. & Smith, B. (2007). *The Comprehensive Autism Planning System (CAPS) for Individuals with Asperger Syndrome, Autism and Related Disabilities*. Shawnee Mission, KS: Autism Asperger Publishing Company.

Janzen, J. E. (2003). *Understanding the nature of autism: A guide to the autism spectrum disorders* (2nd ed.). San Antonio, TX: Harcourt Assessment, Inc.

Kachenmeister, C. (1989). *On Monday when it rained*. Boston: Houghton Mifflin Company.

Kats-Gold, I., Besser, A., & Priel, B. (2007). The role of simple emotion recognition skills among school aged boys at risk of ADHD. *Journal of Abnormal Child Psychology, 35*(3), 363-378.

Kopp, C. B. (1982). Antecedents of self-regulation: A developmental perspective. *Developmental Psychology, 18*(2), 199-214.

Kranowitz, C. S. (2005). The *out-of-sync child: recognizing and coping with sensory processing disorder*. New York, NY: Penguin Group

Lee, S., Simpson, R. L., & Shogren, K. A. (2007). Effects and implications of self-management for students with autism: A meta-analysis. *Focus on Autism and Other Developmental Disabilities, 22*(1), 2-13.

Lewis, M. D., & Todd, R. M. (2007). The self-regulating brain: Cortical-subcortical feedback and the development of intelligent action. *Cognitive Development, 22*(4), 406-430.

Liebermann, D., Giesbrecht, G. F., & Muller, U. (2007). Cognitive and emotional aspects of self-regulation in preschoolers. *Cognitive Development, 22*(4), 511-529.

Lloyd, J. W., Forness, S. R., & Kavale, K. A. (1998). Some methods are more effective than others. *Intervention in School and Clinic, 33*(4), 195-200.

Loth, E., Gómez, J. C., & Happé, F. (2008). Event schemas in autism spectrum disorders: The role of theory of mind and weak central coherence. *Journal of Autism and Developmental Disorders, 38*(3), 449-463.

Madrigal, S., Winner, M. G. (2008). *Superflex: a superhero social thinking curriculum.* San Jose, CA: Social Thinking Publishing.

Marks, S., Hudson, J., Schrader, C., Longaker, T., & Levin, M. (2006). Reconsidering behavior management for students with autism spectrum disorders. *Beyond Behavior, Winter.*

McTighe, J., & Wiggins, G. (2004). *Understanding by design: Professional development workbook.* Alexandria, VA: Association for Supervision and Curriculum Development.

McTighe, J., & Wiggins, G. (2005). *Understanding by design: Expanded 2nd ed.* Alexandria, VA: Association for Supervision and Curriculum Development.

Mesibov, G. B., Shea, V., & Schopler, E. (2004). *The TEACCH approach to autism spectrum disorders.* New York: Springer Science+Business Media, LLC.

Miller, L. J. (2006). *Sensational kids: hope and help for children with sensory processing disorder.* New York, NY: Penguin Group.

Minnesota Department of Education. (2008, September 22). *Minnesota academic standards: Mathematics k-12 (2007 version).* Retrieved October 3, 2008, from http://education.state.mn.us/MDE/Academic_Excellence/Academic_Standards/index.html

Minnesota Department of Education. (2003, May 19). *Minnesota academic standards: Language arts k-12.* Retrieved October 3, 2008, from http://education.state.mn.us/MDE/Academic_Excellence/Academic_Standards/index.html

Miranda, A., Presentación, M. J., & Soriano, M. (2002). Effectiveness of a school-based multicomponent program for the treatment of children with ADHD. *Journal of Learning Disabilities, 35*(6; 6), 546.

Murray-Slutsky, C., & Paris, B. A. (2000). *Exploring the spectrum of autism and pervasive developmental disorders: Intervention strategies.* Austin, TX: Hammill Institute On Disabilities.

Myles, B. S., Cook, K. T., Miller, N. E., Rinner, L., & Robbins, L. A. (2000). *Asperger syndrome and sensory issues.* Shawnee Mission, KS: Autism Asperger Publishing Co.

Myles, B. S., Grossman, B. G., Aspy, R., Henry, S. A., & Coffin, A. B. (2007). Planning a comprehensive program for students with autism spectrum disorders using evidence-based practices. *Education & Training in Developmental Disabilities, 42*(4), 398-409.

National Autism Center. (2009). *Findings and conclusions of the national standards project.* Obtained electronically on November 28, 2010 at http://www.nationalautismcenter.org/pdf/NAC%20Findings%20&%20Conclusions.pdf.

Office of Revisor Statutes, State of Minnesota. (2007). *Minnesota statutes 2007: Chapter 120B: Curriculum And Assessment.* Retrieved October 3, 2008, from https://www.revisor.leg.state.mn.us/bin/getpub.php?pubtype=STAT_CHAP&year=2007&section=120B

Oetter, P., Richter, E. W., & Frick, S. M. (1993). *M.O.R.E.: Integrating the mouth with sensory and postural functions* (First Complete Edition ed.). Hugo, MN: PDP Press, Inc.

Prizant, B. M., Wetherby, A. M., Rubin, E., Laurent, A. C., & Rydell, P. J. (2006). *The SCERTS model: A comprehensive educational approach for children with autism spectrum disorders (Volume 1: Assessment).* Baltimore, MD: Paul H. Brookes Publishing Co.

Quill, K. (Ed.). (1995). *Teaching children with autism: Strategies to enhance communication and socialization.* Albany, NY: Delmar.

Riccomini, P. J., Zhang, D., & Katsiyannis, A. (2005). Promising school-based interventions for reducing aggressive behavior and student dropout. *The Journal of at-Risk Issues, 11*(2), 11-16.

Spencer, E. D; DuPont, R. L.; & DuPont, C. M. (2003). *The anxiety cure for kids*. Hoboken, NJ: Paul Wiley and Sons, Inc.

Sergeant, J. A., Geurts, H., & Oosterlaan, J. (2002). How specific is a deficit of executive functioning for attention-deficit/hyperactivity disorder? *Behavioural Brain Research. Special Issue: Neurobehavioural Mechanisms in ADHD, 130*(1-2), 3-28.

Simonds, J., Kieras, J. E., Rueda, M. R., & Rothbart, M. K. (2007). Effortful control, executive attention, and emotional regulation in 7-10-year-old children. *Cognitive Development, 22*(4), 474-488.

Simpson, R. L. (2005). Evidence-based practices and students with autism spectrum disorders. *Focus on Autism and Other Developmental Disabilities, 20*(3), 140.

Simpson, R. L., & Myles, B. S. (1998). Aggression among children and youth who have Asperger's syndrome: A different population requiring different strategies. *Preventing School Failure, 42*(4), 149-153.

Sofronoff, K., Attwood, T., & Hinton, S. (2005). A randomized controlled trial of a CBT intervention for anxiety in children with Asperger syndrome. *The Journal of Child Psychology and Psychiatry and Allied Disciplines, 46*(11), 1152-1160.

Sofronoff, K., Attwood, T., Hinton, S., & Levin, I. (2007). A randomized controlled trial of a cognitive behavioural intervention for anger management in children diagnosed with Asperger syndrome. *Journal of Autism and Developmental Disorders, 37*(7), 1203-1214.

Swaggart, B. L. (1998). Implementing a cognitive behavior management program. *Intervention in School and Clinic, 33*(4), 235-238.

Winner, M. G. (2000) *Inside Out: What Makes A Person with Social Cognitive Deficits Tick?* San Jose, CA: Social Thinking Publishing.

Winner, M. G. (2007). *Thinking About YOU Thinking About ME*. San Jose, CA: Social Thinking Publishing.

Winner, M. G. (2005). *Think Social!* San Jose, CA: Social Thinking Publishing.

Williams, M. S., & Shellenberger, S. (1994). *"How does your engine run?" A leader's guide to the alert program for self-regulation*. Albuquerque, NM: TherapyWorks, Inc.

Zero to Three. (1994). *Diagnostic classification of mental health and developmental disorders of infancy and early childhood*. Arlington, VA.

ゾーンを使った情動・行動調節
実施と正確性のチェックリスト

記入者名＿＿＿＿＿＿＿＿＿＿＿＿＿

日　付＿＿＿＿＿＿＿＿＿＿＿＿＿

専門家などの大人— このリストを完成させながら、ZONES を取り入れる上での一貫性や質、取り入れるレベルを確かめるのに役立ててください。

正確性を観察する担当者— ZONES の取り入れ方の正確性を確かめるためにこのリストを利用してください。点数のつけ方は一番下に書かれた内容を参考にしてください。

重要な要素：1）教材の準備をする　2）明確な形態で取り入れる　3）学習を手助けする　4）評価する（意見を聞く）

● 記入者の立場（1つに〇をつける）：専門家などの大人／正確性を観察する担当者
● 授業の規模（1つに〇をつける）：クラス全体／小グループ（2〜4人）／個人

一貫性：専門家などの大人がプログラムの要素を正確に伝えているか

		はい	いいえ
準備	視覚的な教材を前もって準備している		
明確な形態	カリキュラムの中で紹介されている推奨の流れ（前置き、アクティビティー、まとめ）に沿って、レッスンを明確な形態で取り入れている		
	視覚的な資料やワークシートを参考にしている		
手助け	用語や視覚的に示された教材、話し合いのポイントなどを説明しながら、カリキュラムを取り入れている		
	意見や話し合い、質問、アクティビティーを通して、カリキュラムへの参加や考え方の過程を手助けしている		
評価	子どもに対し、言葉による評価をしている		
	子どもの学習の度合いを評価している		

質：プログラムの要素を十分に指導しているか

	3（高い質）	2（十分な質）	1（不十分な質）
準備	カリキュラムを実行する前に、推奨される教材や視覚的補助をすべて準備している	カリキュラムを実行する前に、ほとんどの教材を集めて準備している	教材や視覚的補助を最低限準備する、または全く準備していない
明確な形態	ZONES のカリキュラムの中にある指導図解に書かれた指示に従って、内容を説明している。レッスンは、前置き、アクティビティー、まとめの順で進めている。	ZONES の指導図解に沿って内容を紹介しているが、レッスンではアクティビティーとまとめだけを取り入れている。	アクティビティーだけを取り入れて、カリキュラムのいろいろな部分をかいつまんでレッスンを行っている。
	話し合いの時やアクティビティーの終わりに視覚的補助やワークシートを取り入れている。	いくつかの資料を参考にしたり、視覚的補助やワークシートを使ったりしている。	視覚的補助やワークシートを全く使っていない。
手助け	大切な用語や視覚的補助を紹介して取り入れながら、話し合いやアクティビティー、レッスンに子どもを参加させている。	大切な用語をたまに使い、子どもが話し合いやアクティビティー、レッスンに参加する際の手助けをしている。	話し合いやアクティビティーをあまり行わない。
	さまざまな声かけや手法（手本、ロールプレイ、自己観察、自己評価、熟考させるための質問、選択、視覚的補助）を用いて、子どもの学習を促進する手助けを行っている。	手本や視覚的補助を通して、子どもの理解を手助けしている。	子どもにレッスンに参加するよう最低限の声かけを行うにとどまっている。

評価	肯定的な特定の言葉を使って子どもを指導、強化している（「あなたのゾーンを確かめてみましょう」「あなたが（レッド）ゾーンにいる時どの道具が役立つでしょう」）	肯定的な言葉を使い、時々特定の言葉を用いて指導、強化している（質問をする、選択肢を与える、手本を示す）。	否定的で矯正をするような言葉や用語を使う（「レッドゾーンにいるのはよくありません」「あなたはグリーンゾーンにいなければならない」）。
	カリキュラムの中で紹介されている、推奨する習得度のチェック方法を用いている。	1つの方法だけを使っている（例：ゾーンの確認）。	子どもの習得度を確かめない。

取り入れ方：学習の場と子どものタイプに応じて、ここだけは取り入れておくべきポイント

	はい	いいえ
通常学級：18のレッスンにおける概念を説明するのに、20分間の授業を最低週に2回行う。学年によってはアクティビティーを変えたり、レッスンによってはしっかり内容を網羅するために複数回授業を行ったりする必要があるかもしれない。用語や視覚的補助、話し合いの要点などを日課に浸透させるためには、5か月以上にわたる指導が必要となる。レッスンは順番通りに進めるが（ZONESの指導図解を参照のこと）、子どもの年齢や能力によっては、適切ではない内容のレッスンもある（特別支援学級・学校の子どもには、ゾーンの概念を紹介する前に下準備として30分のレッスンを最低1回は行うようにし、学習後は内容を復習し、さらに広げてアクティビティを行うための30分間のフォローアップのレッスンを6回以上行う）。		
特別支援学級・学校（学習者の大半が特別支援教育を必要とする）：25分間の授業を最低週に2回行う。 **特別支援の小グループ（1グループに2～4人の子ども）**：18のレッスンのおおまかな概念を説明するために、30分間の授業を最低1回行う。用語や視覚的補助、話し合いの要点などを日課に浸透させ、いろいろな場面で般化できるようになるために、6か月以上にわたる指導が必要となる。学習者の達成度やニーズを確かめるために指導を必要とする。レッスンは順番通りに進めるが、子どもの年齢や能力によっては、適切ではない内容のレッスンもある。推奨される順番については、ZONESの指導図解を参照のこと。		

調整力とやる気（任意）　　3＝はっきりした実例／明確な証拠あり　　2＝いくつかの証拠あり　　1＝最低限の証拠、または証拠なし

指導の差別化と発達的にみた適切度	3	2	1
子どものやる気や参加態度	3	2	1

高い正確性：一貫性＝すべての項目で満たされている　　質＝すべての項目を通して3点
　　　　　　　　取り入れ方＝その場面において適切　　調整とやる気＝両方の項目で3点

十分な正確性：一貫性＝すべての要素で満たされている　　質＝すべての項目を通して2～3点
　　　　　　　　取り入れ方＝その場面において適切　　調整とやる気＝両方の項目で2～3点

© 2011 Think Social Publishing, Inc. All rights reserved.
From The Zones of Regulation™ by Leah M. Kuypers • Available at www.socialthinking.com

訳者あとがき

　私が自閉症教育に携わって24年目に入った。多くの自閉スペクトラム症の子どもや大人と、また昨年からはその他の障害のある生徒さんたちとも接しながら、「一人ひとりの行動の裏には必ずきっかけや理由がある」こと、そして「コミュニケーションの大切さ」を確信した。それは「人とのコミュニケーション」だけでなく「自分とのコミュニケーション（自己対話）」も含む。コミュニケーションを図ることで、自分の気持ちに気づいたり、それをコントロールしたり、自分のことを他人に正しく理解してもらえたりする可能性が大きく広がる。これには障害の有無やコミュニケーションの手段（言語、非言語）は問わない。

　私が22年間勤めた米国のボストン東スクールでは、ZONESのカリキュラムを日常的に取り入れていた。教職員が、在校生や、時々キャンパスを訪れる卒業生に対して「今の気分はどう？どのゾーンにいる？」と尋ね、「今うれしいからグリーンゾーン！」「明日は自分の誕生日だから、何かワクワクする。だからイエローゾーンかな？」などと答えを引き出し、彼らが自分の心の状態に目を向け、それを表現する機会を作っていた。また教職員も「昨日レッドソックスが負けたから、ブルーゾーンかな」「久しぶりに卒業生のみんなに会えて幸せだから、グリーンゾーンにいます」など、その時の気持ちを共有していた。このようなやり取りに慣れてくると、生徒の方から自分の気持ちやゾーンを話してくるようにもなった。

　私が同スクールを退職する時、在校生と教職員による送別会で挨拶をすることになった。長年勤務した場所を去る寂しさ、上司や同僚に対する感謝の気持ち、日本で新生活を始める高揚感と不安感などで、その時の自分の状態を一つの感情やゾーンでは、とても言い表せなかった。それで「今の私はいろいろな気持ちが入り混じっていて、ブルー、グリーン、イエロー、レッド、すべての色が混ざっています。この４色を混ぜたらどんな色になるのかを調べてみたら、緑がかった灰色と書いてありました。それが実際どんな色なのかピンとこないけれど」と述べたのを覚えている。

　これはあくまでも私見であるが、ZONESを使った応用学習方法の一つとして、複数の感情とゾーンを経験した時、その複数のゾーン色を混ぜたら何色になる？といったアクティビティーを図工の時間で取り上げても楽しいのではないだろうか？ ZONESのカリキュラムは、どのような場でも取り入れることができ、子どもも大人も楽しみ

ながら学べる点が大変優れている。

　誰もがいろいろな感情を持つ。その度合いもさまざまだ。跳び回りたいくらいハイな気分の時もあれば、自分が消えて無くなりたいと思うことだってある。そして感情は時間の経過とともに変わる。同じ物事に対しても、その時の状況や体調、時には天候によっても、抱く感情がいとも簡単に変わる。しかし、すべて「これでいいのだ！」（前向き思考の極みであるバカボンのパパの考え方はとてもすばらしい）。大切なのは、その時々の心の状態に気づき、ちょっと立ち止まって、次のことを考える。毎日その繰り返しである。

　ZONESの概念を取り入れることで、老若男女、障害がある人もない人も、そしてその家族も周りの人たちも、自分の心の状態を適切な方法で表す術（すべ）を学び、お互いを深いレベルで理解できる人たちが増えていくことを願ってやまない。

　本書の出版にあたり、Think Social Publishing, Inc.のメアリー・アン・ホール氏にまずお礼を申し上げます。日本語版の出版を快く引き受けてくださった（株）クリエイツかもがわの田島英二社長にも心より感謝いたします。また、私の粗雑な訳文を丁寧にチェックし、適切なアドバイスをくださった同社の水田萌さん、本当にありがとうございました。

　2024年8月

森　由美子

PROFILE

著者／リア・M・カイパース（Leah M. Kuypers）：教育学修士、公認作業療法士

自己調節の力を育む手法である「ゾーンを使った情動・行動調節」の開発者。同タイトルの書籍やアプリケーションも出版しており、「Navigating The Zones and the Advanced Pack （ゾーンの導き方　上級者編）」の共著者でもある。エリザベス・ソウターとともに「The Road to Regulation and The Regulation Station （自己調節への道　と　調節の場」（2021年）という2冊セットの物語と、自己調節に関する2つのカード形式の教材「Tools to Try Cards for Kids（子ども向けカード教材）」（2020年）、「Tools to Try Cards for Tweens & Teens（8歳から12歳までの子どもとティーンのためのカード教材）」（2021年）をThink Social出版社より出版した。世界中で、「ゾーンを使った情動・行動調節」の手法を広めるために、自己調節や問題行動などに関するワークショップを、教育委員会関係者、専門家、療育者対象に行なっている。www.zonesofregulation.comで、ウェビナーやトレーニングに関する情報が紹介されている。現在ミネソタ州ミネアポリスで、夫、息子、娘、そして犬と暮らしている。

訳者／森 由美子（もり　ゆみこ）

福岡市生まれ。聖心女子大学文学部教育学科（心理学専攻）卒業。1999年、当時13歳の娘と渡米。2002年マサチューセッツ州立フィッチバーグ・ステート大学の大学院でカウンセリング心理学の修士号を取得。卒業後、自閉症専門教育機関であるボストン東スクールの教育オフィスでIEPのコーディネーター、異文化交流に関するコーディネーター、のちにリサーチ部門で自閉症研究チームの一員として勤務。24年間の米国生活を終え、2023年夏帰国。帰国後は理事（Board of Directors）として引き続き同スクールに関わっている。同年9月、福岡市で「福岡みんなの音楽教室- Music for Everyone」（https://www.istartmusic.com/）を、音楽教師でサックス奏者の夫と立ち上げる。これまでに、スティーブン・ショア著『壁のむこうへ』（学習研究社）、牧純麗著『お兄ちゃんは自閉症』（クリエイツかもがわ）、ゲイル・ホーキンズ著『発達障害者の就労支援ハンドブック』（同）、ケイト・レイノルズ著『自閉症スペクトラム障害の性支援ハンドブック』（同）などの7冊の翻訳書を出版。

ゾーンを使った情動・行動調節
自分の行動と心をコントロールする力を育むカリキュラム

2024年9月20日　初版発行

著　者●Ⓒリア・M・カイパース
訳　者●森 由美子
発行者●田島英二
発行所●株式会社 クリエイツかもがわ
　　　〒601-8382　京都市南区吉祥院石原上川原町21
　　　電話 075（661）5741　FAX 075（693）6605
　　　https://www.creates-k.co.jp
　　　郵便振替　00990-7-150584
装丁・デザイン●菅田 亮
印刷所●モリモト印刷株式会社
ISBN978-4-86342-376-3 C3037　　　　　　　Printed in Japan

本書のコピー、スキャン、デジタル化等の無断複製は著作権法上での例外を除き禁じられています。本書を代行業者等の第三者に依頼してスキャンやデジタル化することは、たとえ個人や家庭内での利用であっても著作権法上認められておりません。

好評既刊　　　　　　　　　　　　　　　　　　　　　　　　　　　　　　　　　　　[定価表示]

自閉症スペクトラム障害の性支援ハンドブック
障害が重い人のセクシュアリティ

ケイト・レイノルズ／著　　森由美子／訳

性について、子どもにどう話せばよいのか、悩んでいる保護者・支援者へのメッセージ。タブーとされがちな性の問題に取り組むための実践的な方法を、自閉症児の親ならではの繊細さと経験を交えて紹介。体の変化や生理、男性と女性の問題を別個に解説、公的、私的な場所における性行動、性的虐待、性別を超えた指導なども網羅。　　　　　　　　　　　　　　　　　　　　　　　　　2640円

ネット・セーフティー
スマホ・ネットトラブルから子どもを守る対応法

ニッキー・ジャイアント／著　　金綱知征／監修　　森由美子／訳

スマホをを手放せない子どもたち。ネットいじめ、ゲーム依存、課金トラブルなどの危険からどう子どもたちを守るか、学校教育の対応法を提示！　ネット・セーフティー「ワークシート」で具体的にすぐ学べる。学校で使えるスマホやネットの正しい使い方を理解し、危険性を知り、安全に使うために。授業でつかえる活動を4つのテーマにそって取り上げ、カリキュラム23で取り組む。　　　　2200円

発達障害者の就労支援ハンドブック

ゲイル・ホーキンズ／著　　森由美子／訳

タイムリーで画期的な就労支援ハンドブック！　長年の就労支援を通じて92％の成功を収めている経験と実績の支援マニュアル！　就労支援関係者の必読、必携ハンドブック！　「指導のための４つの柱」にもとづき、「就労の道具箱10」で学び、大きなイメージ評価と具体的な方法で就労に結びつける！　3520円

お兄ちゃんは自閉症
双子の妹から見たお兄ちゃんの世界

牧 純麗／著　　森由美子／監修・訳

何があっても、私はお兄ちゃんのことをいつも自慢したいと思います。アメリカのマサチューセッツ州に住んでいる牧純麗（まきすみれ）ちゃん（12歳）という日本人の女の子が、双子の自閉症のお兄ちゃん・隼人君の世界を映し出す──。お兄ちゃんや両親とともに経験してきたことや、自閉症について感じていることなどを、妹として娘としての立場からありのままに語ります。　　　　　　　　1540円

自閉症スペクトラム学び方ガイド
社会参加を見通した授業づくり

レベッカ・A・モイズ／著　　荒木穂積／監訳　　森由美子／訳

個人別教育指導（IEP）プログラムはこう作る！　社会参加を見通した移行支援をサポートするIEP。豊富な実例と授業案、指導上の配慮まで、授業づくりのアイデアが満載！　　　　2420円

自閉症スペクトラム生き方ガイド
自己権利擁護と「障害表明」のすすめ

スティーブン・ショア／編著　　荒木穂積／監訳　　森由美子／訳

アスペルガー症候群・高機能自閉症の６人が語る、充実した人生を歩むためのアドバイス！　豊富な事例と理論的な整理が、当事者や支援者、研究者に新しい支援のあり方を提示。アスペルガー症候群・高機能自閉症の人たちが、学校や社会のルールを学び、自己権利擁護のための豊富な情報を提供。また、性格・趣向・状況に合わせて整理した「障害表明」の内容を明らかにする。　　　　　　2640円

https://www.creates-k.co.jp/